Dagmar P. Heinke

Nicht nur Kleider machen Leute

Dagmar P. Heinke

Nicht nur Kleider machen Leute

Auftreten • Styling • Körpersprache

Viel Erfolg
wünscht Ihnen
Dagmar Heinke
August 2002

orell füssli Verlag AG

Umschlaggestaltung: cosmic Werbeagentur, Bern
Umschlagabbildung: XL Digital Photos, Zürich
Druck: fgb • freiburger graphische betriebe
Danke für die Fotos an Berny Meyer, Nürnberg; Quelle International, Fürth;
Müller Maßhemden Manufaktur, Hof und Bayreuth
Modell: Wanda Wittmann

Printed in Germany
ISBN 3-280-02695-4

Die Deutsche Bibliothek – CIP-Einheitsaufnahme

Heinke, Dagmar P.:
Nicht nur Kleider machen Leute : Auftreten, Styling, Körpersprache /
Dagmar P. Heinke. – Zürich : Orell Füssli, 2002
ISBN 3-280-02695-4

Wir sind nur ein einziges Mal geboren; zwei Mal geboren zu werden ist nicht möglich. Eine ganze Ewigkeit hindurch werden wir nicht mehr sein dürfen, und da schiebst du das, was Freude macht, auf, obwohl Du nicht einmal Herr bist über das Morgen? Über das Aufschieben schwindet das Leben dahin, und so manch einer von uns stirbt, ohne sich jemals Muße gegönnt zu haben.

Epikur

Für meine Großmutter Barbara

Herzlichen Dank für Anregungen und Kritik an Bernd Zocher vom Orell Füssli Verlag, Zürich; Klaus Kobjoll, Schindlerhof Nürnberg-Boxdorf; Professor Heinz Oestergaard, Bad Reichenhall; Gabriele Conradty, Shagya-Araber-Forum, Veldenstein; Ingrid Küffner, mod's hair, Nürnberg; Stefan Pöhner, Louis Vuitton Nürnberg; Juliane von Glan, Quelle AG, Fürth; Doris Schütz, Hom by Grappa, Nürnberg, und Professor Adalbert Ruschel.

Inhalt

Vorwort

Liebe Dagmar!

Erinnerst du dich noch, als ich bereits 1985 bemerkte, als du niedergeschlagen erzähltest, daß sich hier bei uns in Nürnberg außer beim Schindlerhof und dem Grand Hotel die Menschen unter Personality-Styling überhaupt nichts vorstellen konnten?

Ich versuchte, dich zu trösten, indem ich sagte: «Du weißt doch: Was der Bauer nicht kennt, das isst er nicht. Und der Prophet im eigenen Land gilt nichts.»

Da du dich bereits mit 19 Jahren selbstständig gemacht und diese tolle Geschäftsidee entwickelt hattest, konnte ich dich gut verstehen. Ich habe es bei mir ähnlich erlebt.

Deshalb kann ich mich sehr gut daran erinnern, dass ich dir auch sagte, du seist deiner Zeit weit voraus. Deine Ideen und Visionen werden erst in Zukunft bei den Menschen Gehör finden.

Und dann werden es plötzlich viele sein, die die gleiche Geschäftsidee haben wie du, aber das braucht dich dann überhaupt nicht zu berühren, denn nur eines zählt: Du warst die Erste, und dein Name und deine Fachkompetenz werden bekannt sein.

1993 dann, als ich das Buch «Motivaction» auf den Markt brachte, schrieb ich dir als Widmung in ein Exemplar: «Gerade du kannst alles erreichen, was du willst! Viel Glück dabei.» Und bereits da hattest du deine Visionen längst umgesetzt und warst daran, dein erstes Buch zu schreiben.

Dein Beispiel zeigt wieder, dass die Chance des Mittelstandes nur in der Spezialisierung, in der Nische liegt. Und in der Kraft von Visionen, welche auch bei uns im Schindlerhof gelebt werden und durch Freude, Freiheit und Harmonie zum Erfolg führen.

Klaus Kobjoll

Einleitung

Das muss man sich einmal bildlich vorstellen:

Wer vor 15 Jahren seine Füße im Kino auf der Rückenlehne seines Vordermannes genüsslich ausstreckte, galt als cool, weil unangepasst. Rauchen war ausdrücklich erlaubt – die Talkrunden, in denen die Promis den Moderator zuqualmten, legten ein eindrucksvolles Zeugnis dieser Unsitte ab.

Was waren wir unflätig!

Individualität galt mehr als gutes Benehmen. Mit Armani & Co. wäre man damals nicht weit gekommen, denn jeder, der sich ordentlich zu kleiden wusste, galt als suspekt.

Heute, 15 Jahre später, haben sich die Zeiten gewaltig geändert. Wir haben mittlerweile Karriere gemacht und nun auch etwas zu verlieren. Der rotzige Umgangston der Achtziger wurde längst abgelöst von einem Lebensstil, der höflich, aber bestimmt auf der Einhaltung der Etikette besteht.

Das Benimmwesen boomt: Tanzschulen nehmen die längst verstaubte Anstandslehre wieder ins Programm, ausrangierte TV-Moderatoren bringen Managern goldene Regeln für öffentliche Gespräche bei, und ein Benimm-Knigge für Kinder sorgt für Furore.

Neue Moden und neue Technologien verlangen nach neuen Regeln; so sind die feinen Umgangsformen für das 21. Jahrhundert etwas modifiziert und nicht mehr gar so streng wie zu den Zeiten, als Frau Pappritz aus Bonn noch den «guten» Ton angab.

Dennoch – wir benötigen nur wenige Sekunden, um über einen Mitmenschen ein Urteil zu fällen. Wir wissen um seine Stimmung, wir urteilen vorab, ob wir mit ihm auskommen oder nicht, kurz: Wir treffen Entscheidungen von größter Tragweite. Genauso ergeht es uns selbst: Auch wir werden in Sekundenschnelle eingeschätzt und beurteilt.

Wir wirken immer, ob wir wollen oder nicht, ob wir uns hinter einem angepassten Einheitsgrau oder einer Maske greller Farben verstecken.

Wenn Sie endlich sich selbst sein möchten und mit Ihrer Wirkung auf andere nicht zufrieden sind, wenn Sie Ihre Ausstrahlungskraft verbessern möchten, dann beginnen Sie an sich zu arbeiten – und zwar JETZT! Nur wenige Dinge im menschlichen Leben liegen so sehr in der eigenen Verantwortung wie die Verbesserung der persönlichen Wirkung auf andere. Wissen ist Macht – Sie sollten daher über Ihre ganz persönlichen Wirkungsmittel Bescheid wissen, um diese wie ein Instrument einsetzen zu können.

Eine leider immer noch oft unterschätztes Ausdrucksmittel ist die Sprache unserer Kleidung, die sich vom Motto leiten lässt: «Ein Bild sagt mehr als tausend Worte», oder nach Goethe: «Wie Du kommst gegangen, so wirst Du auch empfangen.»

Nehmen wir dazu ein Beispiel: Sie gehen in eine Bank, weil Sie einen Termin mit dem Direktor der Anlageabteilung haben. Dieser kommt Ihnen aus seinem Büro entgegen, in weißen Turnschuhen, kurzer Hose und kurzärmeligem, offenem Hemd.

Wie würden Sie seine Fachkompetenz beurteilen, wenn er Ihnen eine bestimmte Anlageform empfiehlt?

Denken Sie an die Amtstracht von Richtern, Staatsanwälten oder Anwälten, an die Uniform, die Berufskleidung von Ärzten. Auf der Bühne signalisiert die Kleidung sofort, wen wir vor uns haben: Bürger, Bauer oder Edelmann.

Beobachten Sie sich doch einmal selbst. Sie werden sich im Abendkleid anders bewegen als in legerer Freizeitkleidung. Jede dieser Darstellungsformen schafft Wirklichkeit. Wirklichkeit schafft Tatsachen und setzt sich um in Wirkung und Einfluss.

Sind Sie sich Ihrer Wirkung bewusst und setzen Sie Ihre Erfolgsinstrumente gezielt ein, um Ihr eigenes Image wirken zu lassen?

Sie fragen sich nun sicherlich, wie ich dazu komme, über dieses Thema ein Buch zu schreiben. Diese Frage ist schnell beantwortet. Seit über zwanzig Jahren arbeite ich im In- und Ausland als Image-Consultant.

In diesem Beruf trifft man jede Menge interessanter Menschen – vom Studenten, der sich zum ersten Mal für einen Job vorstellen will, bis zum bereits erfolgreichen Vorstandsvorsitzenden eines bekannten Konzerns.

Das Bedürfnis nach Beratung kommt auch von Frauen, welche bereit sind, Karriere zu machen oder nach der Babypause wieder einen Einstieg ins Berufsleben planen, von Existenzgründern, Personen des öffentlichen Lebens, aber auch von zahlreichen Privatpersonen, die aus Neugierde oder weil sie sich und ihr Leben verändern möchten, eine Imageberatung buchen. Auslöser hierbei können durchaus persönlicher Natur sein: lebensbedrohende Krankheiten, welche überstanden wurden, oder die Trennung von einem Lebenspartner.

Und viele meiner Klienten fragten mich: Gibt es denn kein Buch zu dieser interessanten Thematik?

Voilà – hier ist es!

Sie haben es soeben gekauft!

Kurz ein paar Worte zum Aufbau des Buches: Wenn Sie an Ihrem eigenen Bild – an Ihrem Image – arbeiten wollen, setzt das voraus, dass Sie wissen, wo Sie innerlich stehen. Auch wenn wir viele Rücksichten auf äußere gesellschaftliche Gegebenheiten nehmen müssen, heißt das nicht, dass die Entwicklung Ihres Images eine Maskerade sein soll – im Gegenteil. Das Bild, das andere von Ihnen haben, wird nur seine erfolgreiche Wirkung entfalten, wenn es etwas mit Ihrem Wesen zu tun hat – Masken trägt man nur im Fasching. Zur Entwicklung Ihres Images benötigen Sie noch ein paar andere Voraussetzungen. Ich habe deshalb im ersten Teil einige Ausführungen vorangestellt, die sich mit der Bedeutung Ihrer Persönlichkeit für ein erfolgreiches Image beschäftigen. Welche Kleidung zu welchen Umständen wie getragen wird, ist lernbar. Aber eine Persönlichkeit, das wissen Sie sicher auch, die muss man sich erarbeiten. Jede(r) von uns tut das, nur manchmal sind wir uns dessen nicht bewusst. Vielleicht helfen Ihnen die Erläuterungen als Anregung.

Es würde mich sehr freuen, wenn Sie aus diesem Buch für sich einen persönlichen Nutzen ziehen könnten. Sicherlich können Sie nicht alle Tipps daraus anwenden, viele Dinge dürften Ihnen längst bekannt sein und Sie wenden diese bewusst oder unbewusst seit langem an.

Aber jede und jeder sollte in der Lage sein, dazuzulernen und Neues zu entdecken. Denn Sie wissen ja selbst: Wer sich perfekt fühlt, verhindert, dass er besser wird.

Nürnberg, im Januar 2002
Dagmar P. Heinke

I. Wege zum Selbstbild

1. Image – was ist das?

Sie möchten Ihr Image verändern? Oder erstmals ein Image aufbauen? Oder ist Ihr Image bereits ramponiert? Ist der Ruf erst ruiniert – lebt sich's völlig ungeniert! Wer kennt diesen Ausspruch nicht …

Tagtäglich erfahren wir durch die Medien, wer ab sofort völlig ungeniert leben kann: die Medienprominenz der großen oder auch nur der halbgroßen Welt. Ein Skandal, ein Bestechungsverdacht, eine außereheliche Affäre, das Outing eines bis dato beliebten Frauenschwarms oder der Drogenkonsum eines Idols. Ob Wahrheit oder Gerücht – schnell hat der oder die Betreffende das Gesicht verloren. Vom Imageverlust wird da gesprochen, der dann verheerende Folgen nach sich ziehen kann. Von der Strafanzeige über Scheidung bis hin zum Jobverlust und zur Existenzbedrohung.

Ist die Katastrophe aber erst einmal passiert, wird plötzlich über Image nachgedacht. Aber was genau ist eigentlich Image?

Aus dem Englischen korrekt übersetzt bedeutet es:

Bild – Ebenbild – Vorstellung – widerspiegeln

Ein Bild sagt mehr als tausend Worte – genauso verhält es sich mit dem Image. Das beginnt mit dem Aussehen und setzt sich weiter fort mit kulturellen Einzelheiten, Erlebnissen, gebildeten Meinungen: Jeder Mensch sendet laufend Signale aus. Diese Facetten der Persönlichkeit werden vom jeweiligen Empfänger bewusst oder auch unbewusst wahrgenommen.

Die inneren Vorstellungen zeigen sich immer in äußerem Verhalten, vor allem nonverbal. Deshalb ist es wichtig, die nonverbalen Signale zu beachten.

Nonverbale Signale sind auditive und tonale Wahrnehmungen, kinästhetische sowie visuelle Identifizierungen, mit anderen Worten: Es ist das, was wir hören und sprechen, wie wir uns bewegen, was wir an anderen sehen und was andere von uns sehen.

Bei unseren Denkprozessen bilden Körper, Geist und Sprache eine Einheit. Die Summe dieser verbalen und nonverbalen Reaktionen lässt viele Rückschlüsse auf den inneren Zustand eines Menschen zu, ohne dass dieser sich ausführlich über seinen Seelenzustand äußern muss.

Image entsteht also aufgrund von Eindrücken und Informationen sowie nonverbalen Signalen, welche Menschen von einer anderen Person erhalten.

Hier gibt es allgemein verbindliche Codes, für jeden würde es von Nutzen sein, diese zu kennen, um sie gegebenenfalls anwenden zu können. Aber nicht nur bei Personen, sondern auch bei Firmen oder Produkten gibt es ein Image; hier allerdings wird von Corporate-Image oder Corporate-Identity gesprochen. Das bedeutet nichts anderes, als dass Image die jeweilige Kultur des Unternehmens widerspiegelt.

Der Kunde, der Geschäftspartner oder der Konsument soll im Image eines Unternehmens die einheitlichen Einstellungen, Wünsche und Bedürfnisse, Ziele und Philosophien erkennen.

Das drückt sich in der Firmenfarbe aus, setzt sich fort im firmeneigenen Logo, über die Berufskleidung, vor allem Werbung, sowie einheitliche Firmenfahrzeuge und vollendet sich in der richtigen Mitarbeiterauswahl. Die Mitarbeiter eines Unternehmens sollten die Firmenphilosophie selbst leben, um sie nach außen darstellen zu können.

Dinge, von denen Sie bisher glaubten, sie würden keine Rolle spielen, haben großen Einfluß auf die Imagebildung.

Von großer Bedeutung sind alle Aktivitäten des Managements, mit welchen Partnern Unternehmen Geschäfte betreiben oder wie sie sich in der Öffentlichkeit äußern.

Die neuen Imagewerte sind neben dem selbstverständlich als gut vorausgesetzten Produkt, das Preis-Leistungs-Verhältnis, Service, aber auch alte Werte, wie Offenheit, Transparenz, Aufrichtigkeit und Verantwortung, gehören dazu.

Die Konsumenten möchten heutzutage alles wissen, über eine Person, über ein Produkt, über eine Firma. Und das wäre:

- wie die Mitarbeiter geführt und behandelt werden,
- wie hoch die Gehälter der Führungskräfte sind oder wie mit Minderheiten umgegangen wird,
- welche wohltätigen Zwecke durch Spenden unterstützt werden,
- der Ruf des Unternehmens in Umweltfragen,
- die Herkunft der Rohstoffe usw.

Und natürlich spielt das Menschliche eine Rolle: Was passiert etwa, wenn ein Unternehmen Fehler gemacht hat – steht es dazu, und zwar in der Öffentlichkeit, oder versucht es, alles Unangenehme unter den Teppich zu kehren?

Doch was große Unternehmen in millionenschweren Kampagnen und mit der Entwicklung einer eigenen Unternehmenskultur aufbauen, gilt auch für uns. Entweder benötigen wir es oder wir haben es bereits: das Image.

1.1 Sie haben es – von Madonna bis Franz Beckenbauer

«Eindrucksmanagement», so wird es in der Psychologie genannt, das Auffallen um jeden Preis, gut aussehen in den Augen der anderen, selbst wenn die anderen völlig unbedeutend scheinen.

Das Ziel ist immer das gleiche – die Projektion eines individuellen Selbstbildes. Dafür stehen eine Vielzahl von Techniken zur Verfügung.

Wir ziehen widerwillig eine Krawatte an, um bei einem wichtigen Meeting nicht ins Fettnäpfchen zu treten, oder wir schinden Eindruck, indem wir am Stammtisch beiläufig von unserer Freundschaft mit dem Promi X erzählen, oder ziehen eine Show ab und lassen durchblicken, dass wir nur noch die angesagtesten Designer-Labels tragen.

Je nach Bedarf sind wir humorvoll, locker oder hochkonzentriert, stets bemüht, zum richtigen Zeitpunkt am richtigen Ort sozusagen auf der Bühne des Lebens unsere Rolle richtig zu spielen, um gute Kritiken zu erhalten.

Selbstdarstellung ist eine komplexe Form der Kommunikation. Das zeigt sich daran, daß wir auch kommunizieren, wenn wir meinen, es nicht zu tun – nonverbal.

Denken Sie daran: Ein Bild sagt mehr als tausend Worte.

Eine Meisterin der Selbstdarstellung ist Superstar Madonna.

Erinnern Sie sich noch an das Ende der Achtzigerjahre? Da machte sie bereits von sich reden als Punkgirl, als «in-bed-with-Madonna», welche sogar die katholische Kirche gegen sich aufbrachte, als aggressive Popsängerin, die keinem öffentlichen Skandal aus dem Weg zu gehen schien.

In den Neunzigern dann begann Madonna, ihr Image zu verändern, erst äußerlich auf kunstvolle und vielfältige Weise. Vom brünetten, dauergewellten Langhaardurchschnittgirlie verwandelte sie sich zum platinblonden Marilyn-Monroe-Verschnitt, danach war die androgyne Phase angesagt, in der sie sich wiederum völlig veränderte. Ein Skandal jagte den anderen. Einmal waren es die Texte, ihre Lieder, dann wieder ihr freizügiger Lebenswandel, der Drogenkonsum und sexuelle Ausschweifungen sowie bisexuelle Outings.

Das Outfit wurde noch extremer: Lack-, Leder-, Sadomasostyle und platinblonder puristischer Kurzhaarschnitt waren hip. Die Texte wurden noch provokativer. Aber Madonna war in aller Munde. Sie hatte sich ein Image kreiert. Auffallen um jeden Preis. Das passte natürlich gut in eine Zeit, in der man maßlos aus dem Vollen zu schöpfen schien.

Danach, auf dem Höhepunkt ihrer provokativen Selbstdarstellung, stylte sie sich als schwarzhaarige, langhaarige, orientalische, hennabemalte Popdiva, die inzwischen durch Buddhismus geläutert war (oder war das auch wieder nur ein taktisches Image-Instrument?). Inzwischen ist sie verantwortungsbewusste Mutter und anerkannter Superstar. Plötzlich bescheinigte ihr die Welt, wie wunderbar sie doch ihre Texte schreiben könne und was für eine begnadete Sängerin sie sei.

Heute ist Madonna dank ihrer komplexen Form der Selbstdarstellung eine der reichsten Frauen der USA (inzwischen taucht sie in den entsprechenden britischen Listen auf) und eine der erfolgreichsten Popsängerinnen der Welt. Madonna setzt Trends. Was Madonna macht und empfiehlt, verkauft sich gut. Madonna hat Alkohol und Drogen abgeschworen und ernährt sich nur noch ayurvedisch. Sie hat einen persönlichen Trainer und meditiert regelmäßig. Sie will sich Berichten zufolge nach ihrer Welttour aus dem Musikgeschäft zurückziehen und nur noch ganz Mutter sein. Oder welcher Trend folgt jetzt?

Aber Madonna hat diesen Imagewechsel natürlich nicht alleine inszeniert.

Sie hatte gute Berater, allen voran die kalifornische Stylistin Arianne Phillips und keinen geringeren als das französische Enfant terrible der Designer – Jean Paul Gaultier himself.

Sie sind verantwortlich für Madonnas Metamorphosen und sie sorgten dafür, dass Madonna Stil-Ikone blieb, die den Trends nicht folgte, sondern sie selbst schuf.

Das ist ein Lehrstück, wie man aus einem schlechten Image ein perfektes machen kann. Self-Branding heißt das neue Zauberwort – wenn Sie sich schon verkaufen müssen, dann kreieren Sie sich doch als eigene Marke. Madonna hat es vorgemacht. Aber sie ist nur das herausragendste Beispiel einer medialisierten Welt. Andere haben sich ebenfalls ihr Image erarbeitet. Die einen haben es selbst konzipiert, den anderen wurde es von den Massenmedien verpasst.

Nur um einige von ihnen zu nennen:

Franz Beckenbauer – der Fußballkaiser! Auch er hat sich über Jahre hinweg ein Image aufgebaut. Er entwickelte sich vom begnadeten Weltklassespieler zum respektierten Teamchef, Superwerbeträger, Moderator und Autor.

Franz Beckenbauer, der Faire, der Ehrliche, der Sportliche, der Vertrauenswürdige. Nicht einmal die letzte Weihnachtsbescherung in Form eines bis dato geheimen unehelichen Sohnes konnte sein gutes Image ankratzen.

Wer die Möglichkeit zum Kreieren des eigenen Images nicht nutzt, kann leicht in die Situation geraten, dass es andere für einen tun.

Nehmen wir den Fall eines Politikers, der just dazu auserkoren wurde, das Sommerloch im August 2001 zu füllen. Der deutsche Verteidigungsminister Rudolf Scharping wurde dafür kritisiert, dass er sich von seinem Urlaubsort Mallorca zu diversen Diensteinsätzen, unter anderem auch nach Mazedonien, fliegen ließ – nicht etwa auf eigene Kosten, sondern mit Bundeswehrflugzeugen.

Die «FAZ» kritisierte außerdem, daß er sich als Titelheld in der «Bunten» zusammen mit seiner Lebensgefährtin im Pool beim Planschen ablichten ließ, während seine Soldaten im Kosovo schon die Splitterwesten bereitlegten. In einem Interview mit «Focus» wurde das Thema Image beleuchtet.

«Focus»: Wollen Sie mit den Schmusebildern Ihr Western- oder Hinterwäldler-Image aufpeppen?

Scharping: Und wenn schon. Es gibt jetzt auch öffentlich nur noch einen kompletten Rudolf Scharping.

«Focus»: Hat Sie Ihr altes Image früher belastet?

Scharping: Ich fand es ungerecht. Ärgerlich wird es, wenn manche Journalisten sagen: So haben wir sein Image geschnitzt, und wenn dieser Herr sich nicht daran hält, dann müssen wir ihn zurechtweisen.

«Focus»: Was ist das für ein Gefühl, wenn man sich in ein Image eingemauert fühlt?

Scharping: Früher hätte ich vor Zorn gekocht, heute sehe ich das gelassen. Wenn aber die Schublade, in die man gezwängt werden soll, zum Sarg für die Persönlichkeit der Spontaneität und des Glücks wird – auf solche Särge kann man verzichten.

Scharpings Image-Schicksal ist ein Paradebeispiel dafür, wie schwer es ist, ein bestehendes Image vor den Augen einer staunenden Öffentlichkeit zu verändern (Ob das Gleichnis mit dem Sarg glücklich gewählt ist, wollen wir dahingestellt lassen).

Für das Image einer zickigen Diva hat ausnahmsweise einmal ein Mann gesorgt: Marlon Brando, der Traummann von Generationen von Frauen, einst muskelbepackt mit erotischer Ausstrahlung, heute ein übergewichtiger Fleischberg, der am Set zum Teil nur in Unterhose drehen will, damit er nicht so füllig wirkt (ob das hilft?). Zickig und launisch hält er den Regisseur und sogar hartgesottene Filmkollegen wie Robert de Niro während der Dreharbeiten auf Trab.

Images gibt es in vielfältigen Formen und Ausdrucksweisen.

1.2 Die natürliche, unverkrampfte Ausstrahlung

In meinem Beruf habe ich immer wieder mit Profifotografen, Kameramännern/-frauen sowie mit Journalisten/Journalistinnen zu tun.

Wenn wir einen gemeinsamen Auftrag zu erfüllen haben und ich für das Styling der zu fotografierenden Person zuständig bin, ist die erste Frage, um die es meist geht: Na, wie ist sie (resp. er)?

Damit ist gemeint: Wird es ein leichter und angenehmer Job oder ist das Model, der Schauspieler oder der Politiker schwierig?

Entweder muss man sich darauf einstellen, daß der Termin lange dauern wird, weil die jeweilige Person 1000 Sonderwünsche hat oder deshalb, weil der Promi einfach nicht kooperiert. Das kann mit dem Streit um das Styling beginnen und damit enden, dass die Prominenz ganz andere Vorstellungen vom aufzunehmenden Bild hat als der Fotograf.

Der aber hat den größten Einfluss auf das Image der betreffenden Person. Er kann mit hartem Licht fotografieren oder mit schmeichelndem, weichem Licht, welches die Falten und Linien wegzaubert. Er kann aber auch die Körpersprache sehr deutlich zum Ausdruck bringen – zum Vorteil, manchmal aber auch zum Nachteil.

Es ist deshalb von großer Bedeutung, dass im Team und mit der Person, welche in den Mittelpunkt gestellt werden soll, ein gutes Einvernehmen herrscht. Auch sollte man sich ruhig Profis anvertrauen und nicht gegen sie arbeiten.

Ein positives Beispiel ist (noch einmal) Franz Beckenbauer. Ich erinnere mich an einen Fototermin mit ihm. Es ging um Aufnahmen für einen bekannten Sportartikelhersteller.

Geduldig und kooperativ ließ sich der Kaiser in vielen verschiedenen Outfits fotografieren. Er wurde gestylt und es wurde an ihm herumgezupft. Ganz Profi, machte er mit, und so wurde es für das ganze Team ein erfolgreiches Shooting. Und gentlemanlike half er am Schluss sogar, meinen schweren Koffer die Treppe hinunterzutragen und zum Auto zu bringen.

Was hat es nun mit der natürlichen, unverkrampften Ausstrahlung auf sich? Gibt es tatsächlich Menschen, die unkompliziert und locker die schwierigsten Situationen meistern? Haben Sie schon einmal darüber nachgedacht, wann Sie natürlich und unverkrampft sind? Sind Sie es, wenn Sie einen Vortrag halten? Sind Sie es, wenn Sie fotografiert werden? Sind Sie es, wenn Ihnen gerade im Restaurant das Glas mit Rotwein auf die weiße Tischdecke gekippt ist?

Wenn Sie ehrlich sind, dann können Sie diese Fragen allenfalls mit Jein beantworten.

Natürlich und unverkrampft sind wir nur dann, wenn wir entspannt sind und uns sicher fühlen, wenn wir uns vertrauen können.

Selbstsicherheit in allen Lebenslagen – das wünschen sich viele Menschen.

Doch das Geheimnis jener Menschen, die diese beneidenswerte unverkrampfte Ausstrahlung haben, ist einfach zu lüften.

1.3 Charme – anstatt Vorspiegelung falscher Tatsachen

Sie sind einfach so, wie Sie sind. Sie spielen nicht. Sie stehen zu Ihren kleinen Schwächen und Fehlern und versuchen nicht krampfhaft, diese zu verbergen.

Wenn Ihnen ein Fehler passiert, dann stehen Sie dazu, entschuldigen sich und versuchen nicht, den Fehler auf andere abzuwälzen.

Das nämlich hieße im übertragenen Sinne, das Licht der anderen auszublasen, damit Ihr eigenes Licht noch heller leuchten kann.

In meiner täglichen Praxis habe ich es manchmal mit so genannten Newcomern zu tun. Einige von denen kommen generell zu spät, haben jede Menge Sonderwünsche, behandeln die Mitarbeiter des Teams oder Senders, angefangen von den Sicherheitskräften bis zur Maskenbildnerin, wie Luft.

Andere, welche bereits 20 Jahre und mehr erfolgreich sind, benehmen sich respektvoll, sind pünktlich, hinterlassen ihre Garderobe sauber, geben geduldig ihren backstage wartenden Fans Autogramme und sind Reportern und Fotografen gegenüber kooperativ und höflich.

Und wenn sie sich einmal nicht so gut fühlen, dann sagen sie es und stehen dazu. Und genau das ist es, was sie menschlich macht und ihnen Sympathien schafft.

All das gilt mit einer kleinen Einschränkung: Wer sich durch die Welt rüpelt, darf sich nicht wundern, wenn sich die Welt gegenüber einem rüpelhaft benimmt. Fehlerhaftes Verhalten ist nicht das Ziel menschlichen Zusammenlebens, sondern bestenfalls die charmante Ausnahme der Regel.

1.4 Charisma – eine Naturbegabung oder erlernbar?

Vor einiger Zeit war ich bei einem Meeting für Existenzgründerinnen eingeladen, das eine Kundin veranstaltet hatte.

Es gab ein Rahmenprogramm sowie eine Diskussionsrunde mit örtlichen Politikern und einen Vortrag mit einem Starreferenten.

Es handelte sich um Klaus Kobjoll, Dozent für Marketing an der Fachhochschule Nürnberg sowie Preisträger zahlreicher Auszeichnungen (Hotelier des Jahres, Unternehmer des Jahres, Gewinner des «European Quality Award», dreimal in Folge Hotelier Nummer 1 von Deutschlands beliebtesten Tagungshotels). Er hielt eine wirklich bemerkenswerte, fesselnde Rede von genau zwei Stunden und acht Minuten, die alle Zuhörerinnen in seinen Bann schlug.

Danach meldete sich eine Dame zu Wort und fragte: «Herr Kobjoll, Sie haben nun soeben einen sehr interessanten und charismatischen Vortrag gehalten, aber mich würde Ihre Meinung noch zu dem Folgenden interessieren …»

Da war es, dieses Wort – charismatisch. Ja genau, das war es. Die Dame hatte es auf den Punkt gebracht. Wie kann man einen über zweistündigen Vortrag ohne Pause so frisch und munter überstehen und danach begeistert sein? Denn sogar Kurt Tucholsky riet: «Sprich niemals mehr als vierzig Minuten», oder Martin Luther empfahl damals: «Tritt keck auf, mach's Maul auf und hör bald auf.»

Wir alle kennen Referenten, bei denen man gern bereits nach 15 Minuten den Raum verlassen würde, da das Gebotene einen leicht einschläfern lässt.

Nun, was ist so charismatisch an Klaus Kobjoll? Es ist seine Ausstrahlung: ein attraktiver Mann, guter Blickkontakt, vorteilhaftes Styling. Seine Körpersprache, Gestik, Mimik: Er packt in seine Vorträge nicht nur Fachwissen und Fakten, sondern spricht in einer bildhaften Sprache und garniert das Ganze mit Humor und Witz. Als Zuhörer gewinnt man den Eindruck, dass Kobjoll lebt, was er propagiert.

Charisma – eine Naturbegabung oder erlernbar? Wer möchte nicht gerne Charisma besitzen, diese ganz besondere Ausstrahlung haben?

Seit der Antike verbinden die Menschen Charisma mit besonderer Anziehungskraft, Schönheit, Ausstrahlung, Mut und Weisheit. Eigenschaften, welche auch heutzutage wünschenswert sind.

Eine Frage lässt uns dennoch nicht los. Ist Charisma Gnade oder Gen? Es ist wie jede andere körperliche oder geistige Eigenschaft in jeder, in jedem von uns angelegt. Ob und wie weit es sich bei jedem Einzelnen entwickelt oder für immer im Verborgenen bleibt, hängt weit gehend von der jeweiligen Bewusstseinsentwicklung des betreffenden Menschen ab.

Auch das soziale Umfeld, die Ausbildung, die Förderung durch Eltern, die Prägung eines Menschen bestimmen, ob man sich seiner charismatischen Anlage bewusst wird oder nicht. Es gibt Situationen, wo Menschen sich ihrer charismatischen Fähigkeit durch Zufall nähern können.

Das heißt mit anderen Worten: Wer zielstrebig seine Persönlichkeit entwickelt, um erfolgreicher zu werden, sucht seine Anlagen und hat auch die Chance, sie zu finden.

Persönlichkeitstraining setzt sich aus vielen verschiedenen wichtigen Bausteinen zusammen. Zum einen spielen Rhetorik und Körpersprache eine wichtige Rolle, aber ebenso charakterliche und ethische Faktoren wie Zuverlässigkeit oder Pünktlichkeit.

Ich erinnere mich an die Aussage von Gerhard Reichel, einem der bekanntesten Rhetoriktrainer, der zu seinen Seminarteilnehmern sagte: «Sprechen ist Persönlichkeit. In der Rhetorik nützt es nichts, nur eine Rolle zu spielen, einen auswendig gelernten Text vorzutragen. In dir muss brennen, was du bei anderen entzünden willst.»

Denn schon immer war die Macht der Sprache und der Gestik das äußere Merkmal von charismatischen Menschen.

Friedrich Nietzsche schrieb dazu: «Das Verständliche an der Sprache ist nicht das Wort selber, sondern Ton, Stärke, Modulation, Tempo, mit denen eine Reihe von Worten gesprochen wird, kurz die Musik hinter den Worten, die Leidenschaft hinter der Musik, die Person hinter dieser Leidenschaft: alles das also, was nicht geschrieben werden kann.»

Hier schließt sich der Kreis wieder: ohne innere keine äußere Ausstrahlung.

Interessant ist auch die Tatsache, dass Frauen laut wissenschaftlichen Untersuchungen schneller die Bewusstseinsstufen des Charisma bewältigen als Männer. Die Bewusstwerdung der eigenen Person als Mensch aus Körper, Seele und Geist und die Erkenntnis der gegenseitigen Beeinflussung ist die Grundlage jeder charismatischen Entwicklung. Hier sind die Frauen im Vorteil, da sie in der Lage sind, ihre Reflexionen nach innen zu richten, außerdem sind sie in der Regel sehr zielorientiert und ausdauernd.

Noch ein wichtiger Punkt zum Thema: Sprache und Rhetorik, Gestik und Mimik allein bilden noch kein Charisma. Große charismatische Vorbilder haben sich nicht zuletzt in das Bewusstsein der Menschen gebracht über ihre Fähigkeit, Dinge zu verändern, indem sie die nötige Entschlusskraft dafür aufbrachten. Und das ist eben nicht einfach eine Frage des äußeren Eindrucks.

Nutzen Sie nun die in Ihnen angelegten Keime Ihres persönlichen Charismas, denn sie sind ein wichtiger Bestandteil von Ihrem persönlichen und wirtschaftlichen Erfolg.

2. Persönlichkeit

Persönlichkeit: Dieses Wort hat viele Bedeutungen, aber ursprünglich definiert wurde es als der äußere Aspekt eines Individuums – wie diese Person von den anderen gesehen wurde und welche Auswirkungen sich daraus ergeben.

Interessanterweise wurde früher in römischen Theatern die *Maske* des Schauspielers als die *persona* bezeichnet. Es handelte sich um das Gesicht, das den Zuschauern gezeigt wurde.

In der modernen Psychologie wird die Persönlichkeit eines Menschen folgendermaßen definiert:

Ein Mensch mit Persönlichkeit zeigt dauerhafte Wesenszüge, Dispositionen und ein Verhalten im zwischenmenschlichen Verhalten und Fühlen, das sich im Laufe der Zeit, ergänzt durch die Maßstäbe der Gesellschaft, zu einem Verhaltensmuster verfestigt hat. Persönlichkeit entwickelt sich vom Augenblick der Geburt durch individuelle Traditionen und Sitten, die natürlich von der jeweiligen Kultur abhängig sind. Persönlichkeit, wie immer sie definiert wird, ist einzigartig. Die Persönlichkeit eines Menschen ist demnach wie ein genetischer Fingerabdruck – nicht kopierbar.

2.1 Was macht eine bemerkenswerte Persönlichkeit aus?

Fällt Ihnen schon beim Lesen dieses Satzes auf, was für eine Aussage dahinter steckt? Bemerkenswerte Persönlichkeit – bemerkenswert. Zerlegen Sie den Begriff und schon haben Sie die Lösung.

- Bemerken – Aufmerksamkeit auf sich ziehen; ist der jeweilige Mensch es wert, die Aufmerksamkeit auf sich zu ziehen?
- Aufmerksamkeit hat mit Beachtung zu tun; bin ich es wert, beachtet zu werden?

Der Mensch ist ein soziales Wesen. Deshalb entwickelt sich seine Persönlichkeit aus dem Umgang mit anderen Menschen. Wenn Ihre Persönlichkeit *bemerkt* werden soll, sollten Sie sich folgende Frage stellen: Wie möchten Sie wahrgenommen werden?

Als erfolgreicher Geschäftsmann oder als liebenswerter Freund auf den dritten Blick? Als coole Geschäftsfrau oder als naives, weltfremdes Hascherl? Sie möchten doch wahrgenommen werden, oder?

Das ist am Anfang anstrengend. Einfacher, aber erfolgloser lebt es sich als graue Maus im Hintergrund.

Sie müssen sich über Ihr Ziel im Klaren sein. Wollen Sie hinaustreten in das Scheinwerferlicht des Erfolgs? Oder still und leise im Hintergrund agieren und die Lorbeeren andere kassieren lassen?

Es gibt viele Darstellungsformen von Persönlichkeiten. Die einen sind nur eine Lachnummer, über die anderen wird nur gelästert, dritten wird Respekt gezollt, wiederum andere werden um Rat und Meinung gefragt.

Die Bandbreite an bekannten Persönlichkeiten ist groß – Politiker, Fußballtrainer, Filmsternchen bis zu ehemaligen Big-Brother-Insassen. Nicht jede von ihnen ist bemerkenswert, manche von ihnen ist nur durch Zufall ins Licht der Öffentlichkeit geraten, und es wäre besser, wenn sie wieder daraus verschwände.

Je nachdem, wie diese Personen sich in Erinnerung gebracht haben, wird man mit ihnen umgehen.

2.2 Persönlichkeitsstrukturen von bedeutenden Managern

Wenn wir uns bemerkenswerte Persönlichkeiten aus dem öffentlichen Leben vorstellen und zu analysieren versuchen, was denn so besonders an ihnen sei, stellt sich die Frage, welche Muster uns auffallen. Im diesem Zusammenhang fragte ich viele Kunden, Geschäftspartner und Trainer, welche Menschen ihnen zum Thema Persönlichkeit einfielen.

Je nach Alter, Beruf und Geschlecht bekam ich einige Beispiele genannt – von Alain Delon bis John F. Kennedy. Übereinstimmend beschrieben alle ähnliche Persönlichkeitsmerkmale:

- Ausstrahlung,
- Charisma,
- positive Körpersprache,
- Attraktivität,
- Dynamik,
- Entscheidungsfreudigkeit,
- Aufrichtigkeit,
- etwas bewegen,
- zu seinem Wort stehen,
- Fehler zugeben,
- Menschlichkeit,
- Sympathie,
- Humor.

Aus wissenschaftlicher Sicht sind es letztlich drei Dinge, die für das Verhalten von Führungspersönlichkeiten verantwortlich sind.

2.2.1 Die Psyche

Der kritische Punkt bei der Erbringung von Spitzenleistungen ist nicht die Fähigkeit des Körpers allein, sondern die Stärke der Psyche, denn nur die mentale Einstellung kann die Kraft und Kondition in Leistung umwandeln. Deshalb ist bei Führungspersönlichkeiten mentale Stärke mit dem Bewusstsein verbunden, schwierige Aufgaben mit Freude und Berge versetzendem Willen anzunehmen. Die eigene seelische Stärke ist also die Voraussetzung dafür, sich auch als Persönlichkeit zu präsentieren. Das Credo von Klaus Kobjoll lautet: Wer sich einer schwierigen Aufgabe stellt, braucht keine Angst zu haben, dass er Konkurrenz bekommt.

2.2.2 Die eigene Stimmung

Der zweite Faktor, den eine Führungspersönlichkeit auszeichnet, ist die Stimmung, denn bekanntermaßen geht bei jedem Stimmungsverlust ein sofortiger Leistungsverlust einher. Höchstleistungen erfordern also eine möglichst bleibende positive Stimmung.

Das ist natürlich nicht durchgehend zu schaffen. Kein Mensch kann seelische Tiefschläge einstecken und trotzdem so tun, als wäre nichts passiert. Aber eine positive Grundhaltung hilft, negative Erfahrungen als vorübergehende Erscheinungen zu verarbeiten – und eine solche Grundhaltung kann erlernt werden.

2.2.3 Der Führungsstil

Und schließlich: Der Umgang mit anderen Menschen, besonders mit Untergebenen, und die Fähigkeit, andere motivieren zu können, prägen wesentlich den Führungsstil. Nivellierende Führung verhindert jegliche Motivation.

In der Praxis werden Mitarbeiter (von schwachen Führungspersönlichkeiten) oft handzahm und artig «gemacht», um pflegeleichte Mitspieler im Team zu haben. Aber genau darin liegt das Problem: Die Persönlichkeit kommt unter die Räder, und aus einst eigenwilligen Persönlichkeiten wurden angepasste Ja-Sager ohne jegliche Motivation. Jedes Team benötigt einige starke Menschen, die in der Lage sind, die anderen mitzureißen, die sich auch in schwierigen Situationen durchbeißen können. Starke Führungspersönlichkeiten, welche ihr Team zu außergewöhnlichen Spitzenleistungen voranbringen wollen, akzeptieren diese Individualität.

Starke Persönlichkeiten haben in der Gesellschaft auch die Funktion von Helden. Werte sind die Seele einer Kultur der Persönlichkeit. Diese Persönlichkeiten repräsentieren die Stärke eines Unternehmens und wirken als große Leitbilder. Im amerikanischen Wirtschaftsleben sind das Menschen wie Henry Ford, John D. Rockefeller, Harley Procter oder Lee Iacocca. Denken Sie an Tom Watson, den Gründer von IBM. Im Alter von 39 Jahren verlor er seinen Job, war neun Monate arbeitslos und fand schließlich eine neue Anstellung bei einer jungen Büromaschinenfirma. Jahrelang war er die rechte Hand des Chefs, und schließlich zahlten sich sein Selbstvertrauen und seine Zukunftsvisionen aus – er gründete die Firma IBM.

Interessant ist die Geschichte der Firma Kellogg, die die wohl weltweit berühmtesten Cornflakes herstellt. Die Geschichte handelt von zwei Brüdern: Dr. John Harvey Kellogg, welcher ein Sanatorium leitete, und William, der für ihn am Tag fast 20 Stunden als «Mädchen für alles» schuftete.

Da William Vegetarier war und sich gesunder Ernährung widmete, experimentierte er mit Flocken aus Weizen und Mais und stellte die ersten Kelloggs-Cornflakes her. Gegen den Widerstand seines Bruders gründete er die Firma Kelloggs. William war ein Visionär, der seine Träume verwirklichte.

Aber diese Qualitäten haben nicht nur Männer gezeigt: Mary Kay Ash war eine Hausfrau, die durch Arthritis gelähmt war. Aber nach dem Motto «Wenn man will, kann man alles erreichen» gründete sie eine erfolgreiche Verkaufsorganisation auf dem Kosmetiksektor. Und erinnern Sie sich an Helena Rubinstein? Sie experimentierte zuerst in ihrer Wohnung mit Rezepten für Cremes und schuf ein Kosmetik-Weltimperium.

Die bemerkenswertesten Eigenschaften dieser Menschen waren Hartnäckigkeit, ihre Visionen umzusetzen, und der Wille, die persönliche Verantwortung für ihr Handeln zu übernehmen.

Nun müssen Sie nicht gleich eine Firma für Weizenflocken gründen; wenn Sie nicht sofort eine Kosmetikfirma ins Leben rufen, wird es die Welt auch überleben, und auch die Lochkarte gab es schon vor IBM. Entscheidend ist an diesen Beispielen, dass sie Menschen zeigen, die sich mit unbedingter Energie ihren Zielen zuwandten. Diese Komponenten waren unmittelbarer Bestandteil ihrer Persönlichkeit, und durch ihr Wesen gelang es ihnen, auch andere Menschen für diese Ziele zu begeistern – womit wir wieder beim Charisma wären …

Persönlichkeit und Charisma haben also etwas mit mit den Zielen zu tun, die sich ein Mensch stellt.

3. Schönheit und Attraktivität

3.1 Ein heißes Eisen – die Schönheit

Wie viel Schönheit braucht man zum Erfolg? Wenn sich zwei gleich gute Kandidaten um eine Stelle bewerben, hat der attraktivere die besseren Karten. Dies bestätigen auch Personalchefs. Schon Goethe sagte: «Schönheit ist überall ein willkommener Gast.» Das Thema Schönheit verfolgt uns bereits seit dem Babyalter. Schönheit ist eine soziale Macht schon von Anfang an. Das hübschere Baby erfährt mehr Anteilnahme und Zuwendung als das weniger hübsche. In der Schule setzt sich dieses soziale Verhalten weiter fort. Das hübschere Kind wird mit weit mehr Aufmerksamkeit rechnen können, es wird sich in der Schule leichter entwickeln und bessere Noten mit nach Hause bringen.

Dieser Vorteil verhält sich genauso bei Freundschaften und all den anderen Vorgängen, die dem Menschen auf all den Stationen seines weiteren Lebensweges begegnen. Und weil dieses (schöne) Kind öfters ermutigt wird, ist es in der Regel auch selbstbewusster und schlagfertiger – und dann in den Augen der anderen noch attraktiver.

Untersuchungen belegten, daß attraktivere Menschen zweifelsfrei in den unterschiedlichsten Lebenssituationen, bei der Partnersuche, am Arbeitsplatz oder im Gerichtssaal, wegen ihres attraktiven Aussehens und der Fähigkeit, dadurch ihre Mitmenschen für sich einzunehmen, besser abschneiden.

Überraschend ist übrigens das Ergebnis einer Studie unter Westpointkadetten in den USA. Auch hier machten die attraktiveren im Militär schneller Karriere. Alle Untersuchungen kommen in etwa zum gleichen Ergebnis: Wer eine attraktive Person wahrnimmt, ordnet ihr sofort positive Eigenschaften (solange er keine anderen Informationen erhält) zu. Attraktive Personen bekommen eher Hilfe als unattraktive.

Das kann ich persönlich bestätigen. Da ich beruflich sehr oft unterwegs bin, reise ich je nach Anlass im Business-Look mit hochgesteckten Haaren, Pumps und Aktentasche. Habe ich einen weniger formellen Auftrag, dann bevorzuge ich bequeme Hosen, flache sportliche Schuhe und offene Haare. Für mich ist jedesmal sehr amüsant, wie unterschiedlich ich mit meinen verschiedenen Outfits zur Kenntnis genommen werde. Wenn ich ordentlich und adrett als femine Frau daherkomme, sind wildfremde Menschen nett und freundlich, halten mir höflich die Türen auf, stemmen ungefragt mein Gepäck in die Ablage, oder am Check-in Counter passiert es schon mal, dass ich ein *upgrading* bekomme.

Bin ich hingegen sportlich und unauffällig, dann warte ich geduldig in der Warteschlange, darf mir die Türen selbst öffnen und werde, wenn ich Pech habe, auch noch beim Zoll kontrolliert.

Hier kann ich nur die Untersuchungen bestätigen, daß attraktiv wirkende Menschen eher Hilfe bekommen als unattraktive. Insgesamt werden sie als intelligenter, gefühlvoller, interessanter und sexuell anziehender eingeschätzt. Sie werden insgesamt für geselliger und kommunikativer gehalten. Und attraktive, gepflegte Menschen ergattern leichter Gehaltserhöhungen. Bekannt dürfte mittlerweile auch sein, dass gut gekleidete Bewerber für eine Stelle bis zu 30 Prozent mehr Gehalt angeboten bekommen als gleich qualifizierte, aber unattraktivere Konkurrenten.

In einer Untersuchung konnte nachgewiesen werden, daß dicke Manager im Durchschnitt schlechter bezahlt werden als dünne. Dicksein wird oft als mangelnde Disziplin interpretiert – im Privaten und am Arbeitsplatz. Außerdem gilt das Risiko, wegen gesundheitlicher Probleme auszufallen, als beträchtlich.

Deshalb bieten zahlreiche Firmen für ihre Mitarbeiter Gesundheitstraining, Wellnesskurse und Gesundheits-Check-ups an. Denn wer fit ist, bleibt gesund.

Sozialwissenschaftler haben dazu eine interessante Theorie. Die Fähigkeit, schön und hässlich unterscheiden zu können, ist möglicherweise die Urform aller Unterscheidungsfähigkeit. Schönheit zu erkennen, ist vielleicht sogar eine der ältesten Herausforderungen unseres Wahrnehmungssinns, um die Möglichkeiten zweifelsfreier Zuordnung zu ermöglichen. Diese urzeitliche Schulung entschied über die Auswahl der Fortpflanzungspartner, denn wer gesund und stark war, wirkte attraktiv und sicherte damit das Überleben der Sippe. Nun will ich Sie nicht dazu anhalten, Schönheit nur unter dem Gesichtspunkt zu betrachten: Kann er meine Kinder ernähren? Oder: Ist sie gebärfreudig? Aber sollten wir nicht unsere Fähigkeit des Unterscheidens als hochkulturelle Mitgift eines uralten Menschheitserbes für das Zusammenleben zu schätzen wissen?

So waren die Schönheitskriterien für Frauen in der Urzeit die vitale Gesundheit, ein breites Becken, glänzende Haare und Jugendlichkeit. Dies gewährleistete eine gesunde Nachkommenschaft. Im Wandel der Zeitepochen veränderte sich der Schönheitsbegriff immer wieder und löste sich von der Fortpflanzungsfrage. Mal waren die Figuren füllig, mal waren Wespentaillen angesagt. Von der Form und Größe des Busens über die Tönung der Haut, die Form der Frisuren bis zur Art der Kleidung und die Kunst des Make-ups sind die Schönheitsbegriffe immer kulturellen und gesellschaftlichen Wandlungen unterworfen gewesen.

In unseren Seminaren behaupten doch ernsthaft immer noch einige männliche Seminarteilnehmer, sie achteten zuerst auf die inneren

Werte bzw. auf die innere Schönheit einer Frau. Ich frage mich dann in schöner Regelmäßigkeit, wie das funktioniert, da der erste Eindruck doch nur visuell erfolgt…

3.2 Immer im Auge des Betrachters oder vergänglicher Modetrend

Aus dem 18. und 19. Jahrhundert stammt der Begriff der klassischen Schönheit. Das damit verbundene Aussehen gab es allerdings bereits in der griechischen Antike. Dort verstand man darunter – sowohl bei Männern als auch bei Frauen: Menschen mit ovalen Gesichtformen, einer feingeschwungenen Nase, großen Augen, langen Wimpern, einem vollen Mund, schlanker Gestalt und einem vollen Po. Der Busen von Frauen war übrigens erst in zweiter Linie Gegenstand erotischer Bewunderung.

Ich befragte vor einiger Zeit einen Experten, der es wissen muss: Professor Heinz Oestergaard, Lehrer an der Fachhochschule für Design in Pforzheim. Oestergard galt lange Zeit als Deutschlands bekanntester Modedesigner, der als erster Deutscher bereits 1950 eine eigene Kollektion für Triumph in New York präsentierte.

Für ihn war ich fast 15 Jahre als freie Stylistin im Zusammenhang mit Mode- und PR-Aktionen tätig. Als er in den Ruhestand ging, lehnte er sich nicht einfach zurück, sondern entwarf wundervolle chinesische Teppiche, lernte in Murano die Kunst des Glasbläsers und schuf farbenprächtige Vasen und Lampenschirme aus Muranoglas, die er hauptsächlich mit Figuren aus der Antike bevölkerte.

Die Antike nimmt Heinz Oestergaard als Maßstab für unseren heutigen Schönheitsbegriff. Das Gefühl für Schönheit lebe auch vom Zeitgeist, meinte er, und der setze vergängliche Modetrends, hingegen habe sich die unvergängliche Schönheit immer noch an der Antike zu messen. Doch wie kann man diesen Gedanken in unsere Zeit überragen? Er überlegte ein wenig hin und her, und schließlich nahm er seinen Zeichenstift und ein Blatt Papier und schrieb: «Liebe Dagmar! Schönheit ist immer ein Ausdruck der Seele!» That's it.

4. Konkurrenzdenken – anerzogen?

4.1 Frauen in der Wirtschaft – die falsche Bescheidenheit der Frauen

In unseren New-Image-Workshops fragen wir unsere Teilnehmerinnen und Teilnehmer regelmäßig, was ihnen genau an sich, ihrem Verhalten und ihrem Aussehen nicht gefalle. Und was sie gerne verändert haben möchten.

Wir stellen dabei regelmäßig fest, daß vor allem Frauen große Probleme haben, ihre Ziele zu definieren bzw. klar auszusprechen.

Frauen sind fast immer noch viel zu bescheiden. Sie stellen ihr Licht immer noch unter den Scheffel. Das ist traurig, aber wahrscheinlich immer noch eine Erziehungssache.

Dabei wurden Frauen zu allen Zeiten zu unrecht als das schwache Geschlecht angesehen. Physisch mag das ja wohl zutreffen, dass Frauen aufgrund ihrer Statur Männern körperlich unterlegen sind. Aber obwohl Frauen oft unterbezahlt und von Karrierewegen ausgeschlossen wurden, haben gerade sie immer wieder herausragende Leistungen erbracht und Ziele erreicht, von denen männliche Mitbewerber nur träumen konnten.

Leider wird ihnen immer noch recht wenig zugetraut. Jene, die es schaffen, erfolgreich zu sein und ihre Visionen umzusetzen, werden daher besonders geschätzt.

Diese Art der Aufmerksamkeit finden wir vor allem bei Frauen in der Politik und beim Militär, in Männerberufen und im Topmanagement. Jeder ist neugierig zu erfahren, wie sie es unter solchen (Männerwelt)

Bedingungen überhaupt geschafft haben. Dabei lag ihr Erfolg gerade darin, dass sie nicht das Verhalten der Männer imitierten. Sie sind Frauen geblieben.

Und nun, liebe Männer, Unternehmer, Personalchefs, aufgepasst: In der Arbeits- und Konsumwelt sowie im sozialen Bereich wird es sehr bald zu einem gravierenden kulturellen Wandel gerade im Bezug auf Frauenthemen kommen.

Noch sind Frauen im aktiven wirtschaftlichen und politischen Leben in der Minderzahl und haben oft auch schlechtere Ausgangsbedingungen. So bringen weibliche Angestellte durchschnittlich nur 70 Prozent des Einkommens ihrer männlichen Kollegen mit nach Hause. Nur 800 000 weibliche Chefinnen sind in der BRD auf 3, 5 Millionen Unternehmen verteilt. Und der Frauenanteil im Management in der Bundesrepublik beläuft sich noch auf knapp 12 Prozent.

ABER: 48 Prozent aller Spitzenpositionen der Start-up-Unternehmen waren im Jahr 2000 weiblich besetzt! In den USA übernahm eine Frau, Carly Fiorina, die Leitung des Konzerns Hewlett-Packard. Und sie ist inzwischen weder bei den «Bluechips» (den Riesenkonzernen der traditionellen Wirtschaft) noch bei den modernen IT-Unternehmen die Einzige. Die ehemalige Leiterin des Entwicklungsteams von Palm, dem Hersteller von elektronischen Kalendern, ist eine Frau – sie hat sich inzwischen erfolgreich mit der Firma Handspring selbstständig gemacht. Die Zeiten ändern sich.

Ein Trend, der sich in Zukunft für die Männer abzeichnet – bitte jetzt nicht höhnisch lachen –, ist die Zunahme von Hausmännern. In Großbritannien gibt es dazu eine aktuelle Statistik, die belegt, dass hier bereits in 36 Prozent der Familien mit Doppelverdienern der Mann aktiver bei der Haushaltsführung und der Kinderbetreuung beteiligt ist. Denn auch Männer fragen verstärkt nach flexiblen Arbeitszeiten, um Zeit für ihre Familien zu haben.

Die Zahlen aus den USA sind noch Aufsehen erregender. Und wie so häufig, sind die USA in vielerlei Hinsicht ein Gradmesser der Trends.

Nach Faith Popcorn, der wohl bedeutendsten Trendforscherin der USA, werden in den nächsten zwei Jahrzehnten die Frauen die beherrschende wirtschaftliche Kraft im Lande bilden. Die wirtschaftliche Macht, die von dieser einst schwachen Gruppe ausgeht, dürfte spannend und für manche Männer erschreckend zugleich sein.

Statistiken zufolge kaufen Frauen 80 Prozent aller Konsumartikel, und selbst bei Elektroartikel sind es 51 Prozent und bei frei verkäuflichen Medikamenten werden 75 Prozent von Frauen gekauft (Apotheker und Ärzte aufgepasst!).

Selbst vor dem Autokauf machen Frauen nicht halt. Schluss ist mit den Zeiten, wo frau sich lediglich auf das Aussuchen von Autofarbe, Stoff oder Lederbezug konzentrierte – Frauen kaufen *tatsächlich* 50 Prozent *aller* Autos. Von den «technisch unbegabten» Frauen werden bereits 50 Prozent aller PCs gekauft. Hätten Sie das gedacht?

Sogar in der Politik mischen zum Grauen vieler Männer verstärkt Frauen mit, denn in den europäischen Staaten hat sich der Anteil der weiblichen Abgeordneten um das Dreifache erhöht.

Wussten Sie, dass Frauen in den USA doppelt so häufig wie Männer Firmen gründen, die dann 3,6 Milliarden US-Dollar jährlich erwirtschaften und dazu Arbeitsplätze für 27,5 Millionen Menschen schaffen?

Das ist eine riesige Kaufkraft und eine nicht zu unterschätzende Einflussmöglichkeit.

Ich werde Ihnen natürlich nichts Neues berichten, wenn ich Ihnen sage: Frauen sind anders. Das wissen Sie schon längst, und wahrscheinlich haben Sie mehrmals schon leise vor sich hin geflucht, weil Sie es einmal wieder am eigenen Leib erfahren mussten.

Aber genau hier liegt die große Chance, wenn Männer, Unternehmer, Personalchefs, Marketingstrategen und Banker endlich diese Veränderungen begreifen und dementsprechend damit umgehen würden. Frauen nehmen die Welt aus der Perspektive ihres Geschlechts wahr, wie Männer ihre Welt aus ihrer genetischen Programmierung als Männer wahrnehmen.

Aber auch Folgendes ist eine Tatsache: Wenn Frauen sich entschließen, Karriere zu machen, ihren Visionen ein Gesicht zu geben oder ihre Ideen durchzusetzen, dann setzen sie sich entschieden für ihre Ziele ein. Sie ziehen ihre Sache durch, egal wie hart es auch sein mag.

Vergessen Sie deshalb nie den berühmten Satz: «Hinter jedem erfolgreichen Mann steht eine kluge Frau!»

Ist diese kluge Frau selbstbewusst und selbstständig, dann wird sie ihr Potential für sich selbst einsetzen und gerade deshalb auch erfolgreich sein.

4.2 Männer im Business

Männer haben es in ihren Karrieren wirklich leichter. Sie haben in der Regel ihre Väter als Vorbilder, wie man es zu Erfolg bringen kann. Da Kinder meist in frühester Jugend von beiden Elternteilen dazu ermutigt werden, sich mit dem gleichgeschlechtlichen Elternteil zu identifizieren, lernen wir, uns als «richtige» Männer und Frauen zu verhalten.

Die größere Dominanz und Autorität des Vaters erleichtert Jungen das Hineinwachsen in die traditionelle Männerrolle. Es wurde auch beobachtet, dass Eltern dazu neigen, nur die Verhaltensweisen eines Kindes zu fördern, die sie als seinem Geschlecht zuträglich halten.

Die Vorbilder aus Fernsehprogrammen und Kinderfilmen bestätigen ebenfalls, dass die Geschlechterrollen nach wie vor festgelegt sind.

Jungen werden systematisch von Kindesbeinen an darauf getrimmt, die Führung zu übernehmen, Autorität auszuüben, anderen zu sagen, was sie zu tun haben, Dinge unabhängig und ohne Hilfe auszuführen, gute Schulnoten nach Hause zu bringen und einen erfolgreichen Beruf zu ergreifen, um später eine Familie versorgen zu können. So sind diese Verhaltensweisen sozial wünschenswert und werden in der Öffentlichkeit als typisch männlich bezeichnet.

Jungen üben also beizeiten, sich durch- und ihre Ellenbogen einzusetzen, was ihnen später im Berufsleben hilft.

Mädchen werden in einem solchen Fall als Emanzen und unweiblich bezeichnet. Jungen wurden durch das Familienbeispiel auf das Leben und den Job vorbereitet, indem sie unbewusst die Großen imitierten und sich deren Tricks und Kniffe aneigneten.

Die Entwicklungen der letzten Jahrzehnte zeigen, dass das bisherige Rollenspiel nicht mehr funktioniert. Dabei geht es nicht darum, ob Frauen sich wie Männer verhalten oder Männer wie Frauen.

Im Gegenteil: Beide Geschlechter sollten erkennen, dass nur ein Miteinander zum Erfolg führt und dass einmal das weibliche Prinzip und einmal, in einer anderen Situation, das männliche Prinzip von Fall zu Fall eingesetzt werden sollte, weil es dann Erfolg bringt.

Deshalb ist Konkurrenzdenken zwischen den Geschlechtern von vorneherein nicht vorhanden, allenfalls anerzogen.

Warum diese Ausführungen an dieser Stelle, werden Sie sich fragen. Ganz einfach: Wenn Sie an Ihrer Persönlichkeit arbeiten, sollten Sie sich daran gewöhnen, dass auch die Wertesysteme zwischen den Geschlechtern im Wandel sind. Und besonders Ihnen meine Damen, sei ins Gewissen geredet: Zur Persönlichkeitsbildung gehört die Mobilisierung der eigenen Initiative und der Abschied von der (weiblichen) Bescheidenheit.

5. Sich selbst kritisch den Spiegel vorhalten

Erkenne Dich selbst! Bereits in der Antike beschäftigten sich die Menschen mit diesem Thema, wie die Inschrift im Apollotempel zu Delphi dokumentiert.

Sich selbst zu beurteilen, ist für viele das Schwerste überhaupt. Aber ein Mensch kann sich nur verbessern, wenn er sich selbst gut kennt. Aber wer kennt sich schon wirklich? Meistens denkt man nur, man kenne sich, oder man sieht sich so, wie man gerne sein würde.

Ein chinesisches Sprichwort besagt: «Wenn Du die Welt verändern willst, dann gehe erst dreimal um das eigene Haus.» Das Sprichwort will uns sagen: Ich kann nur in meinem Umfeld etwas bewegen, wenn ich mich selbst ändere. Dabei ist es egal, ob es sich um eine Einstellung, eine Meinung, eingefahrene Verhaltensweisen oder um das Äußere handelt.

Denn wer sich kennt – der kennt die Welt.

Die Kommunikationswissenschaft sagt uns: Ob wir wollen oder nicht, laufend senden wir Menschen Botschaften aus. Da aber jede Botschaft etwas über den Sender aussagt, zeigen wir in jeder sozialen Situation auch etwas von uns selbst.

Wir zeigen, entweder absichtlich oder unbeabsichtigt, wie wir uns sehen oder wie wir gerne gesehen werden möchten – unser Selbstbild, welches aber manchmal ein Wunschbild ist. Und gerade diese nonverbalen Botschaften sprechen meist eine deutlichere Sprache als das gesprochene Wort.

Jeder von uns erlebt im täglichen Umfeld eine Vielzahl von Variationen der Selbstdarstellung. Das kann ein Vorgesetzter sein, der im Betrieb durch sein gorillahaftes Imponiergehabe auffällt. Auch extrem zur Schau getragene Statussymbole (ein schneller Porsche, protziger Schmuck, am liebsten nach außen getragene Designerlabels oder exklusive Sportarten und waghalsige Extremsportarten) sind Formen der Selbstdarstellung.

Einen tollen Porsche zu fahren und eine wertvolle Uhr dazu ist natürlich nicht verwerflich. Ganz im Gegenteil, diese Attribute zeugen von Erfolg und Lebensgefühl – aber nur dann, wenn alles passt.

Absurd wird es, wenn die monatlichen Leasingraten für Porsche und Schmuck schneller laufen als das Auto und der Betreffende zu Hause auf Bananenkisten haust.

Es gibt viele Formen der Selbstdarstellung, mit denen häufig ganz bestimmte Zwecke verfolgt werden. Kennen Sie nicht auch eine Sekretärin, die sich als furchtbar hilflos und schutzbedürftig darstellt? Mit dem Ergebnis, dass sie mit diesem Püppchenverhalten die Kollegen dazu bringt, ihre Arbeit mitzumachen. Oder das bewusst eingesetzte Understatement mancher Frauen nach dem Motto: «Schatz, du kannst das doch viel besser wie ich …» Und schon ist die unbeliebte Aufgabe delegiert.

Mit Hilfe verschiedener Techniken versuchen wir, unser Selbst zu tarnen, zu kaschieren und uns damit vielleicht ins allerbeste Licht zu rücken. Aber warum ist es so schwer, sich selbst richtig einzuschätzen? Beim Kollegen, Partner, Nachbarn kann man es doch auch so einfach. Da hätte man viele gute Ideen und Ratschläge, wie sich der andere im Verhalten ändern könnte, was er unterlassen und stattdessen für ein Benehmen an den Tag legen sollte oder welche Haarfrisur oder, noch besser: welcher Lebenspartner doch viel mehr zu ihm oder ihr passen würde.

In der Psychologie wird dieses Phänomen als der «blinde Fleck» bezeichnet.

5.1 Ich sehe, was du nicht siehst …

Kein Mensch kann sich aufgrund seiner individuellen Biographie neutral verhalten: Ängste, Erfahrungen, Hoffnungen, Bedürfnisse, Gefühle und Erziehungsmuster haben uns geprägt.

Die Faktoren für menschliches Verhalten bilden die Ich-Identität, die sich aus dem persönlichen Lebenslauf eines Menschen und seinen Persönlichkeitsmerkmalen zusammensetzt.

Deshalb verhalten sich Menschen so, wie sie gerne sein möchten, aber auch, wie es das soziale Umfeld von ihnen erwartet und von Kindheit an trainiert wurde: Es ist die soziale Identität eines Menschen.

In seiner Ich-Identität befasst sich der Mensch mit seinen Gedanken, Gefühlen, Vorstellungen, den eigenen Erfahrungen und mit dem Nachdenken über sich und seine Handlungen.

Ist man mit sich selbst im Reinen, so bilden die drei Identitätsformen persönliche Identität, soziale Identität und Ich-Identität eine harmonische Einheit.

Diese Balance hilft der Umwelt, sich ein Bild von dem jeweiligen Menschen zu machen und garantiert eine gewisse Berechenbarkeit und Stabilität in der Beziehung. Wer einen positiven Eindruck ausstrahlt, wird schneller Kontakt mit der sozialen Umwelt aufnehmen, weil sie hofft, dass dieser positive Eindruck auch nach der ersten Kontaktaufnahme erhalten bleibt. Andererseits wird jeder Mensch bestrebt sein, diesen Ersteindruck später zu verstärken.

Dazu gehört, dass man sich von der besten Seite zeigt und sogar gegebenenfalls zu verhindern versucht, dass unbequeme Informationen, welche den ersten guten Eindruck zerstören könnten, bekannt werden. Daher wird oftmals je nach Bedarf bei der Selbstdarstellung Kosmetik betrieben. Denn: Für den zweiten Eindruck gibt es keine Chance.

5.2 Selbstbild-, Fremdbildanalyse

Ich will im Folgenden einige Beispiele aus unseren New-Image-Workshops erzählen, weil Sie an ihnen sehen können, wie man erfolgreich sein Selbstbild und die Fremdbildanalyse weiterentwickelt.

Um die Wahrnehmungsfähigkeit der eigenen Person zu verdeutlichen, bitten wir unsere Teilnehmer, innerhalb von zehn Minuten in mindestens zehn Punkten darzustellen, was sie an ihrem Äußeren positiv finden.

Das ist eine harte Übung, und es ist sehr amüsant, die Teilnehmerinnen und Teilnehmer dabei zu beobachten. Sie überlegen hin und her und betrachten sich dabei in dem großen Spiegel, der sich in einem der Seminarräume befindet. Wenn es sich um ein Firmenseminar handelt, fragen sie mal kurz bei ihren Kolleginnen oder Kollegen nach oder schreiben auch manchmal, wie in der Schule, das ab, was der andere auf seinem Blatt notiert hat.

Der Versuch der Selbsteinschätzung ist für die meisten sehr schwer. Wir haben immer den Eindruck, sie säßen dabei auf heißen Kohlen. Wenn die Fragebögen eingesammelt worden sind, finden sich erstaunlicherweise, unabhängig von Alter und Beruf, fast immer die gleichen Antworten.

Und eine zweite Erkenntnis: 95 Prozent aller Teilnehmer sind nicht in der Lage, sich selbst positiv zu beurteilen. Die Menschen tun sich ungeheuerlich schwer, sich positiv einzuschätzen. Sie haben geradezu Hemmungen, ihr Äußeres zu beschreiben.

Die Hitliste der positiven äußeren Merkmale, die nach langem Überlegen aufgeschrieben werden, sind: die Augen, die Haare, die Beine! Ist das nicht schrecklich? Ich frage dann regelmäßig nach, ob Menschen anatomisch denn nur aus diesen Körperteilen bestehen.

Es gibt allerdings einen Unterschied. Männer fallen in der Regel wesentlich mehr positive äußere Merkmale ein. Allerdings sind wir auch da erstaunt, wie überaus attraktiv sie sich manchmal sehen.

Manche Männer bezeichnen als positive Eigenschaft ihr volles Haar, obwohl die Halbglatze gnadenlos im Licht schimmert. Häufig wird auch voller Stolz die sportliche Figur erwähnt, wo andere einfach nur einen dicken Bauch sehen.

Dagegen finden sich selbst attraktive und schlanke Frauen nur selten attraktiv. Sie beklagen eher, sie seien zu dick.

Warum? Die Befragungen zeigen uns, dass Frauen auch heute noch sehr zur Bescheidenheit erzogen werden und deshalb den Stellenwert ihres Äußeren gering einschätzen. Es wird immer noch nach dem Motto «zieh dich nicht so auffallend an, schmink dich nicht – du bist ein anständiges Mädchen» oder «Schön ist gleich blöd» gehandelt.

Außerdem ist diese ständige Unzufriedenheit mit mit dem eigenen Körper ein Ausdruck des permanenten gesellschaftlichen Drucks. Es ist die Kehrseite des weiblichen Gefühls der eigenen Unvollkommenheit, das durch Zeitschriften wie «Harper's Bazaar» «Brigitte» oder «Annabelle» sogar noch verstärkt wird: Frauen haben magersüchtig, schlank, blutjung und möglichst faltenfrei zu sein.

Wer sich aber selbst nicht als positiv und als attraktiv empfindet, kann das nach außen auch nicht ausstrahlen. Andere werden es dann ebenfalls nicht sehen und empfinden können. Wenn Sie denken, Sie seien unattraktiv, dann fühlen Sie sich auch so.

Frauen in Südeuropa haben da weniger Probleme. Sie sind Frauen, und das zeigen sie auch – oftmals mit einem wesentlich kleineren finanziellen Budget, aber mit Stil und Eleganz.

Da das Selbstbild nur eine subjektive Bewertung der eigenen Person darstellt, spiegelt es ein Ideal wider, wie man gerne wäre, wenn man könnte. Das zeigt sich besonders deutlich, wenn Klienten ihren eigenen Farbtyp oder auch den individuellen Hauttyp bestimmen sollen.

Die reife 45-Jährige wird in der Regel Kosmetika für die empfindliche, jugendliche, trockene Haut bestellen. Und wenn es dann später in der Beratung um den Farbtyp (siehe Seite 92ff.) geht, dann möchten die meisten Menschen der warme Herbsttyp sein. Oder ein Banker sagte während einer Beratung zu uns: «Nehmen wir die Farbe Blau, die ist gut für mich.» Auf die Frage, weshalb Blau gut für ihn sei, antwortete er: «Meine Mutter hat mich immer in Blau eingekleidet und deshalb kaufe ich nur blaue Sachen.»

Aber oft haben wir es auch mit Klientinnen und Klienten zu tun, die zuerst bereit sind, ihr Äußeres positiv zu verändern, dann aber vor ihrem eigenen Mut zurückschrecken.

Ein Beispiel von vielen: Solange eine Klientin sich im Seminar befand, war sie aufgeschlossen und kooperativ. Sie war eine sehr aktive Teilnehmerin und bekam natürlich sofort positives Feedback von den teilnehmenden Kollegen. Als sich das Training aber dem Ende näherte, wurde sie stiller und stiller und meinte, es sei ein sehr aufschlussreicher und interessanter Tag gewesen. Sicherlich werde sie das eine oder andere irgendwann umsetzen (wenn jemand so etwas sagt, dann weiß ich schon: da wird sich nie etwas verändern).

Das Problem sei ihr Partner. Er liebe sie ausdrücklich so wie sie sei.

Na wunderbar! Er liebt sie mit 20 Kilogramm Übergewicht, ungeschminktem, pickeligem Gesicht, strähnigen, falsch gefärbten und zu langen Haaren.

Sieht sie sich denn selbst nie im Spiegel, werden Sie nun denken. Natürlich sieht sie sich im Spiegel, aber wie jede(r) von uns hat sie den so genannten «blinden Fleck».

Das Johari-Fenster, das von zwei amerikanischen Wissenschaftlern entwickelt wurde, ist eine interessante Technik, um Offenheit und Rückkoppelung auf die Beziehungen der Menschen untereinander grafisch darzustellen. Der Name dieses nützlichen Schemas wurde aus den

Vornamen der beiden Forscher, Joe und Harry, gebildet: abgekürzt Johari. Es ähnelt einem Fensterkreuz (daher der Name), das eine quadratische Fläche in vier kleine Quadrate unterteilt. Jedes Quadrat steht für einen Typus menschlicher Eigenschaften.

- In Quadrat 1 sammelt sich Bekanntes und Offenes: Jeder Mensch kennt die Motive und Haltungen des anderen und kann darüber reden .
- Quadrat 2 steht für den berühmten blinden Fleck, der nun schon so oft erwähnt wurde. Damit ist ein Bereich gemeint, wo andere etwas über uns wissen, was wir selbst nicht wissen.
- Quadrat 3 steht für Werte, welche uns selbst bekannt sind, die wir aber anderen nicht oder nur partiell offenbaren wollen.
- Quadrat 4 steht für das Unbewusste. Hier befinden sich Werte, welche weder wir noch andere an Verhaltensweisen und Motiven bemerken.

Gelegentlich treten unbewusste Aktionen zutage, die uns vermuten lassen, dass in uns noch etwas anderes vorhanden ist. Diese unbekannten Verhaltensweisen und Motive haben schon früher unsere Beziehungen beeinflusst und bilden die Erklärung dafür, weswegen es den meisten Menschen schwerfällt, sich selbst zu beurteilen.

Menschen mit einem starken und gut ausgeprägten Selbstbild haben überhaupt kein Problem, sich selbst einzuschätzen. Aber sie haben Hemmungen, es in den Seminaren laut auszusprechen, da sie befürchten, sonst in den Augen der anderen als Angeber dazustehen.

Im Teil zwei unseres Seminaralltags bitten wir die Seminarteilnehmer, auf einem separaten Formular all das aufzuschreiben, was ihnen an sich nicht gefällt.

Hier gibt es oft kein Halten mehr. Oft reicht eine DIN-A4-Seite gar nicht aus, um alle negativen Faktoren festzuhalten. Interessant ist auch, wie Menschen ihren Körper beschreiben: Von Hängebacken und Schweinsohren, Krähenfüßen und Oberschenkeln wie bei einem Profifußballer ist oft die Rede.

Wenn wir dann richtig nachbohren, stellen wir fest, dass die meisten der als negativ empfundenen Mängel daher rühren, weil sie, beabsichtigt oder unbeabsichtigt, von Bekannten oder Kollegen geäußert, dann sofort im Kopf abgespeichert und schließlich als Tatsachen angesehen wurden. Das ist ein gutes Beispiel dafür, wie das Selbstbild ständig über das Feedback der Umwelt verändert, korrigiert oder verschlimmert werden kann.

Eine weitere Tatsache ist leider auch, dass viele Menschen zu pessimistisch und negativ eingestellt sind. Um einen gängigen Begriff zu verwenden: Sie sehen das Glas immer nur halb leer und nie halb voll. Sie schielen eher neidvoll zum Kollegen und möchten so sein wie er.

Deshalb tauen die Seminarteilnehmer auch beim Thema Fremdbild geradezu wieder auf. Jemanden anderen einzuschätzen, fällt doch scheinbar erheblich leichter, und dazu fällt jedem eine Menge ein.

Hier warten wieder etliche (manchmal positive) Überraschungen, denn die meisten Seminarteilnehmer sind aufrichtig verblüfft, wie positiv sie in den Augen der anderen abgeschnitten haben.

Besondere Highlights ergeben sich bei der Beschreibung der Äußerlichkeiten. Sah sich doch eine Teilnehmerin vorher bei der Selbstbildanalyse als zu klein und dick, so erfährt sie plötzlich von einigen Kollegen, dass sie doch sehr attraktiv sei, und sogar von Kolleginnen, dass sie eine schlanke Figur habe. Und bitte: Komplimente von Frauen sind ernst zu nehmen, da sie in der Regel gnadenlos ehrlich sind.

Hier ergeben sich in der Gruppe sehr anregende Gespräche, bei denen viele Dinge zur Sprache gebracht werden, für die im normalen Alltagstrott die Gelegenheit fehlt.

Je zutreffender die Fremdeinschätzung ist, desto besser gelingt es uns, unser Verhalten entsprechend anzupassen. Daran zeigt sich auch der hohe Stellenwert des ersten Eindrucks. Denn viele Untersuchungen haben bestätigt, dass sich dieser schnell verfestigt und schwer wieder zu revidieren ist, auch wenn er nur durch Zufall oder durch Vorabinformationen durch andere zustande gekommen war.

Dieses Phänomen erleben wir nahezu täglich: Wir haben schon ein fertiges Bild von einem Menschen, den wir noch gar nicht persönlich kennen gelernt haben, im Kopf. Das kann uns im Zusammenhang mit einem wichtigen Geschäftspartner passieren, von dem man bereits im Vorfeld erfuhr, dass er Unpünktlichkeit nicht gerade schätze, immer ungeduldig, passionierter Nichtraucher und dann noch Vegetarier sei. Also wird man versuchen, im Restaurant mit vegetarischen Menüs einen Tisch zu reservieren und pünktlich zum Termin einzutreffen.

Es kann aber auch sein, dass der Geschäftspartner selbst doch nicht so pünktlich ist. Er äße lieber ein deftiges Steak und ist passionierter Kettenraucher …

5.3 Wer bin ich? Wer möchte ich sein?

Den folgenden Spruch kennen wahrscheinlich die meisten Männer. Nach einer schlaflosen, anstrengenden Nacht steht ein Mann morgens im Bad und versucht, sich zu rasieren. Der Blick in den Spiegel ist gnadenlos, und der Mann sagt zu dem im Spiegel: «Ich kenne dich zwar nicht, aber ich rasiere dich halt mal.» Aber das passiert nicht nur schlecht ausgeschlafenen Männern mit Kater. Viele Menschen kennen sich tatsächlich nicht. Sie sind nicht in der Lage, ihre Stärken und Schwächen zu bezeichnen (die Schwächen bezeichne ich gerne als Ressourcen, denn in ihnen steckt noch viel Entwicklungsmöglichkeit).

Dabei ist gerade die Möglichkeit einer Bestandesaufnahme so wichtig auf dem Weg zu der Frage: Wer bin ich? Wer möchte ich sein?

Denn nur, wenn man wirklich weiß, wer man ist und was man will, ist man in der Lage, seine Lebensziele zu erreichen. Wer eine stabile Identität und Unabhängigkeit erreichen will, sollte Fähigkeiten entwickeln, die es ihm erlauben, kritisch und objektiv über seine eigene Person nachzudenken.

Bei der eigenen, ehrlichen Identitätsanalyse kann folgende Checkliste weiterhelfen.

Nehmen Sie sich Zeit für diese Inventur Ihrer Person. Gehen Sie an einen ruhigen oder für Sie persönlich wichtigen, bedeutungsvollen Ort. Zum Beispiel in die Natur, im Urlaub an den Strand oder auf eine Wiese zum Sonnenuntergang.
Machen Sie die Analyse alleine. Schreiben Sie die Anworten auf einen separaten Block.
Stellen Sie sich folgende Fragen:

- ☐ Welche persönlichen Charaktereigenschaften habe ich?
- ☐ Welche besonderen Fähigkeiten und Talente besitze ich?
- ☐ Welche berufliche Qualifikationen habe ich?
- ☐ Welche Biographie habe ich?
- ☐ Wie ist mein aktuelles Lebensgefühl?
- ☐ Stehe ich unter Stress, Druck, Zeitnot oder bin ich entspannt und locker?
- ☐ Wie fühle ich mich? Was wünsche ich?
- ☐ Stimmen meine Lebensphilosophie und meine Einstellungen tatsächlich mit dem überein, was ich tue?
- ☐ Welche Interessen habe ich?
- ☐ Welche Bedürfnisse möchte ich gerne befriedigen?
- ☐ Welche Stellung habe ich im beruflichen Umfeld?
- ☐ Wie ist mein Verhältnis zu meinen Kunden, Partnern, Vorgesetzten, Kollegen?
- ☐ Wie ist mein Verhältnis zu meiner Familie?

- ☐ Habe ich genügend Zeit für meine Familie und meine Freunde?
- ☐ Welche Träume möchte ich mir erfüllen?
- ☐ Achte ich genügend auf meine Gesundheit?
- ☐ Was würde ich gerne ändern?
- ☐ Warum tue ich es nicht?
- ☐ Kann ich noch täglich in den Spiegel blicken?

Sie können natürlich die Liste Ihrer Lebenssituation entsprechend beliebig verändern. Ich empfehle Ihnen, diese Inventurliste mehrere Wochen lang zu bearbeiten. Sie werden sehen: Mit der Zeit kristallisieren sich die sieben bis zehn wichtigsten Punkte heraus. Diese sollten Sie in eine Prioritätenliste übertragen.

Nun können Sie daran gehen, sie Punkt für Punkt umzusetzen.Stellen Sie einen Zeitplan auf, um Schritt für Schritt und planvoll vorgehen zu können. Außerdem sollte jedes umgesetzte und erreichte Ziel kontrolliert und abgehakt werden. Hilfreich sind hier auch Zeitmanagement-Seminare mit Jahreszielplanungen, die dann mit einem entsprechenden Instrument, dem Zeitplaner, umgesetzt werden können, zum Beispiel Helfrecht, Schmidt Kolleg, Zweckform oder Time System.

Sie werden in der Lage sein, sich einen Platz in der Gesellschaft zu sichern,

- wenn es Ihnen möglich ist, sich mit sich selbst kritisch auseinander zu setzen;
- wenn Sie einschätzen können, was andere von Ihnen erwarten;
- wenn Sie sich aufgrund Ihrer Erfahrungen auf neue Situationen einstellen können.

5.4 Ihr Lebensalter und Ihr Erfolg

Der gegenwärtige Jugendlichkeitskult treibt schon manchmal seltsame Blüten. Zurzeit kann man Möchtegernpromis live im TV beim Fettabsaugen der Oberschenkel und der Rettungsringe rund um die Hüften zusehen. Kaum ein Tag vergeht, wo sich nicht ein Sternchen in einer Talkshow zu ihren silikongetunten Brüsten äußert und diese zur Freude der männlichen Zuschauer präsentiert. Selbst Radiosender verlosen mittlerweile als Preis eine Schönheitsoperation. Im Fernsehen wird das oftmals dargestellt wie ein Gang zum Zahnsteinentfernen – nur mal schnell in der Mittagspause.

Ob Brustimplantate, Penisprothesen, Faltenunterspritzung, Faltenstraffung durch Lähmung einzelner Gesichtsnerven mittels Botulismusbakterien (ja, sowas gibt es), trendy Hormoncocktails: alles, um länger jung, knackig und leistungsfähig zu bleiben – bemerkenswert an all dem ist die Tatsache, dass es sich nicht einfach um eine weibliche Massenhysterie handelt, sondern bereits jeder fünfte Kunde bei Schönheitschirurgen ein Mann ist.

In den USA, die wie immer eine Vorreiterrolle haben, geht bereits jeder zweite Mann zum plastischen Chirurgen. Bevorzugt werden bei den Männern Nasenkorrekturen und Entfernung von Schlupflidern, Hängebacken und Tränensäcken. Auch Haare verpflanzen und Ohrenkorrekturen haben Hochkonjunktur. Während Ärzte von der Psychotherapie mit dem Skalpell sprechen, haben auch die Männer erkannt, dass ein attraktiver Körper ein wichtiger Karrierefaktor ist.

Spätestens wenn wir hören, dass die Menschen im Mittelalter im Durchschnitt nicht viel älter als 35 Jahre wurden, wird uns bewusst, wie viel sich für uns heutzutage geändert hat. Wissenschaft und Medizin haben erstaunliche Fortschritte gemacht, um das Leben zu verlängern. Auch die allerneuesten Erkenntnisse lassen aber keinen Zweifel daran, dass es die innere Einstellung ist, die uns, zusammen mit Pflege, Bewegung und richtiger Ernährung, von der Sorge um unseren Körper befreit. Meist kümmert man sich um diesen ja nur, wenn schon die ersten Abnutzungserscheinungen oder Wehwehchen auftreten.

Gerade Frauen, aber inzwischen auch Männer, stehen sehr bald vor der Frage, ob sie sich auf ihren Körper und sich selbst einlassen oder ob sie nicht einer Chimäre nachjagen: der ewigen Jugend. Es bleibt uns heute selbst überlassen, ob wir uns von den ersten Falten in die Flucht schlagen und unser eigenes Abbild mit Hilfe der kosmetischen Chirurgie in einem bestimmten Alter konservieren lassen oder ob wir uns mit dem Altern auseinander setzen. Dazu gehört aber auch die Erkenntnis, dass die Chirurgie nicht alles vermag: Bilder von Frauengesichtern, die wie ihr eigener Schnittmusterbogen aussehen, geistern durch die Gazetten und zeigen uns, dass Tränensäcke zwar entfernt, die Haut aber nicht jünger gemacht werden kann.

Zur Ruhe kommen, wissen, wer man ist – ein schönes Gefühl. Abenteuer Altern bedeutet: Lernen Sie sich neu kennen. Man muss heute keinen großen Aufwand mehr treiben, um gepflegt zu sein. Eine ganze Reihe von guten Präparaten und Möglichkeiten helfen. Auch das Rollenbild hat sich geändert, Sie müssen mit 40 keine Matrone sein, die sich unattraktiv fühlt und meist bald so aussieht. Lassen Sie sich durch die Werbung nicht täuschen: Nur dort werden die Models ständig jünger (und selbst dort hilft die digitale Berarbeitung nach), in der Gesellschaft hat sich gezeigt, dass das Durchschnittsalter steigt.

Es ist nicht leicht, sich den wechselnden Anforderungen des täglichen Lebens zu stellen und Krisen zu meistern. Es fällt aber leichter, wenn man mit sich im Reinen ist und gelernt hat, seine Vorzüge ins rechte Licht zu rücken. Ein sicheres Auftreten hilft Ihnen, sich den Respekt zu verschaffen, den Sie verdienen.

Das Alter ist ein natürlicher Prozess, er lässt sich nicht ungestraft verdrängen. Also warum sich nicht bewusst darauf einstellen? Lernen Sie sich neu kennen, orientieren Sie sich neu. Warum ist man so ungeduldig mit sich selbst? So streng mit sich und seinem Körper? Immer weiter, höher, schneller? Wenn jetzt nicht Zeit ist für Beschaulichkeit – wann dann?

Haben Sie nicht auch schon Menschen kennen gelernt, die eine geradezu charismatische Ausstrahlung hatten? Gesprächspartner, bei denen man völlig vergaß, darüber zu rätseln, wie alt sie wohl sein mögen? Mancher ist gealtert, andere sind gereift. Wir haben uns mit Sicherheit verändert, das Leben hinterlässt seine Spuren. Es ist voller Veränderungen, und es ist nicht immer Zeit, sich darauf einzustellen.

Aber gerade diese Zeit zur Selbstbesinnung, Zeit, um mit sich ins Reine zu kommen, die haben wir jetzt! Zeit und auch die Möglichkeiten, unsere Vorzüge zu erkennen und zu unterstreichen. Auch dafür, unsere Schwächen als weitere Facette unserer Persönlichkeit schlichtweg zu akzeptieren und nicht zu leugnen.

Abhängigkeit vom Aussehen – gerade Frauen versuchen immer noch, allen Erwartungen gleichzeitig gerecht zu werden. Sie spiegeln sich in den Augen der Männer, sehen sich im Spiegel im Vergleich zu einer Jüngeren und vergessen ganz, dass sie eine eigene Identität haben, einen eigenen Stil. Diesen Stil kann man heute viel besser zum Ausdruck bringen, indem man «sich selbst betont». Es gibt eine Wechselwirkung, eine Rückkopplung zwischen gut aussehen und sich gut fühlen. Warum dies nicht aktiv nutzen?

Spätestens wenn die Mode vergangene Jahrzehnte aufgreift, stellt sich etwas Wehmut ein. Stimmt, das waren die Sechziger, die Siebziger, eben die Zeit, in der «wir jung» waren. Aber die Modeschöpfer verkaufen uns ja nicht exakt die Kleidung von damals, sondern den Stil dieser Zeit, die Farben jener Jahre, mit Schnitten und Stoffen von *heute*. Sie spielen mit Akzenten und Accessoires. Wie ist das mit uns? Ist es möglich, die Wünsche und Sehnsüchte zu transferieren?

Wenn Äußerlichkeiten so wichtig sind, warum nicht lernen, sie in den Dienst der eigenen Sache zu stellen? Sich die vielleicht noch fehlende Sicherheit durch einen sicheren Geschmack in Styling und Kleidungsfragen erwerben? Sind Sie wirklich willens, sich von einer Minderheit einreden zu lassen, die besten Jahre (heute offensichtlich zwischen 15 und 20) seien vorbei und alle jenseits von 45 auf dem Abstellgleis? Das ist gegen jede Natur, jede Vernunft und widerspricht im Übrigen den allseits so geschätzten Hochrechnungen, die ein anderes Bild zeichnen: Die Gruppe der älteren Menschen ist die umworbene Klientel, hat sie doch eine erhebliche Kaufkraft. Nur weil ältere Menschen in den Hochglanzprospekten nicht oft vorkommen, heißt es noch lange nicht, dass es sie nicht gibt! Die 50-plus-Generation wächst.

Muss man denn jung sein, um heute wahrgenommen zu werden? Mitnichten. In der ganz besonders kurzlebigen Schlager- und Musikwelt sind es neben «Boy- und Girlgroups», die scheinbar aus dem Nichts kommen und ganz schnell auch wieder dahin verschwinden, doch eine ganze Reihe von «uralten» Interpreten und Bands, die den Ton angeben, über Jahrzehnte die Menschen, ob jung oder alt, bewegen. Wie ist das zu erklären?

Trendforschern zufolge bilden ältere Menschen hierzulande eine große und kraftvolle Gruppe unter den Verbrauchern, die aber noch sehr stiefmütterlich behandelt wird. In den nächsten vier Jahrzehnten wird sich der Anteil der über Sechzigjährigen verdoppeln. Ein Umdenken hat bereits in den Unternehmen begonnen, mit dem Ziel, die Altersintegration zu forcieren.

Ältere übernehmen im Berufsleben wieder spezielle Aufgaben, entweder in Form von Teilzeitjobs oder um von Fall zu Fall neue junge Mitarbeiter anzuleiten oder ihnen hilfreich zur Seite zu stehen. Die Ruheständler werden nicht mehr die Alten sein, die man auf das Abstellgleis geschoben hat und nun den Rest ihres Lebens vor dem Fernsehgerät verbringen werden. Dies ist ein Indiz dafür, dass man in Zukunft nicht nur nach Power und Aktivität sucht, sondern auch nach Mitarbeitern mit Erfahrung, Besonnenheit, Durchhaltevermögen und Loyalität. Einer repräsentativen Studie zufolge kommen ältere Führungskräfte mit komplexen Problemen in der Ausführung besser zurecht als jüngere.

Einige Arbeitsvermittler konzentrieren sich schon heute auf diesen neuen Markt und vermitteln ältere oder sich auch schon im Ruhestand befindliche Mitarbeiter, denn hier sind gerade die Älteren in unserer Gesellschaft und in der Arbeitswelt gefragter denn je.

5.4.1 Hinwendung zu neuen Idealen wie Kreativität und Erfahrung

In der Werbung werden nun verstärkt 50-Jährige das Bild prägen: Senta Berger, Iris Berben oder Günther Jauch. Sie sind Beispiele, wie vital, selbstbewusst und aktiv Menschen in den Fünfzigern sein können.

Die Zukunft hat bereits begonnen mit der Hinwendung zu neuen Idealen wie Kreativität, Weisheit, Lebenserfahrung und Reife. Und diese neue Mischung hat kein Alter.

Kürzlich lernte ich während eines Fotoshootings einen 18-jährigen Gymnasiasten kennen, der sich bereits nebenbei als Webdesigner selbstständig gemacht hatte. Respekt. Er kam zu den Aufnahmen ganz wie ein Großer mit seinem dunkelblauen Anzug, weißen Hemd, schwarzen Socken und Businessschuhen. Nur war das Unterhemd gänzlich unpassend, und die Krawatte mußten wir ihm binden. Er war richtig süß, und ich bin überzeugt, er wird seinen Weg machen.

Später lernte ich während einer Vortragsreihe einen Dozenten kennen, der mir erzählte, er sei schon 55 Jahre alt, kürzlich in den verdienten Ruhestand getreten und seit einigen Wochen als selbstständiger Personaltrainer tätig. Auch hier Respekt vor der Entscheidung. Und auch hier bin ich sicher, er wird erfolgreich sein. Beide Beispiele zeigen uns aber, dass es wirklich keine Rolle spielt, welches Geburtsdatum in Ihrem Pass steht. Es verdeutlicht nur, dass Sie erfolgreich sein können, egal wie alt oder jung Sie sind.

Jedes Alter birgt andere Gefahren, Hindernisse, Restriktionen, aber ebenso viele wertvolle Erkenntnisse und Chancen.

Packen Sie es einfach an. Vertrauen Sie sich selbst.

6. Ihr Körper lügt nicht: die Körpersprache – Signale Ihres Unterbewusstseins

Ich empfehle Ihnen folgendes Experiment: Setzen Sie sich in ein Café oder Restaurant oder in einen Warteraum am Flughafen und beobachten Sie ein wenig die Menschen.

Achten Sie darauf, wie jemand läuft und die Arme hält, ob derjenige eine gerade aufrechte Haltung hat oder leicht gebückt oder gekrümmt geht. Keine Angst, das sind keine Diagnoseübungen von Physiotherapeuten, sondern dieses kleine Experiment soll Sie dafür sensibilisieren, wie Menschen wirken.

Sie benötigen dafür keine Ausbildung, Sie können einfach beobachten, ob jemand müde ist, gereizt, gestresst oder sorgenvoll. Sie können mit einem Blick erkennen, ob der Mensch, der Ihnen gerade gegenüber steht, unsicher ist, verlegen oder gespielt selbstbewusst. Sie können in einer halben Sekunde abchecken, ob Sie bei einer Reklamation die Kellnerin zur Schnecke machen oder ob Sie mit bissigem Widerstand rechnen müssen.

Die Körpersprache des Menschen ist deutlicher als hundert gesprochene Sätze. Ebenso wie Sie in der Lage sind, Menschen und die damit verbundenen Situationen einzuschätzen, so sind Ihre Kollegen, Mitarbeiter und Geschäftspartner in der gleichen Situation. Auch Sie können aufgrund Ihrer Signale, die Sie durch Ihre Körpersprache aussenden, eine Menge über sich erzählen, ob Sie wollen oder nicht.

Wie wir das Leben wahrnehmen und wie wir von anderen Menschen wahrgenommen werden, hängt vom Blickwinkel ab, aus dem wir die Welt betrachten. Die Körpersprache spiegelt unsere Lebenssituation, unsere Wünsche, unsere Träume, unser Verhalten, unsere Befindlichkeit. Sie ist wie ein Buch, in dem andere uns lesen.

Es ist bemerkenswert, was man mit ein wenig Übung aus der Körpersprache eines Menschen instinktiv herauslesen kann. Deshalb ist es nicht verwunderlich, dass selbst Tiere sofort spüren, was mit einem Menschen los ist: Handelt es sich hier um ein ausgeglichenes starkes Alphatier, dem das Tier sich automatisch unterordnet, oder steht ein hilfloser, ängstlicher Mensch da?

Warum diese Einleitung? Sie greift noch einmal auf meine Ausführungen auf Seite 35 ff. zurück. Wenn Sie anstreben, Ihr Leben positiv zu verändern, dann nützt allein ein gutes, typgerechtes Outfit nichts, wenn nicht auch die richtige innere Einstellung stimmt und dies durch die entsprechende Körperhaltung ausgedrückt wird.

Beginnen Sie also auch, Ihre alten Programme zu löschen, und tauschen Sie sie gegen neue aus. Sie benötigen nur die Vision einer neuen Haltung, um sie auch innerlich und äußerlich einnehmen zu können.

6.1 Ihre Gesundheit – Ihre Ausstrahlung

Wenn Sie einen Wagen haben, meine Herren, werden Sie sich um ihn kümmern, frei nach dem Motto: «Man gönnt sich ja sonst nichts». Sicher ist Ihr Wagen tip-top gepflegt – regelmäßiger Kundendienst, Ölwechsel, Reifenwechsel und was alles dazu gehört.

Wenn der Motor morgens ein wenig komisch brummt oder klingelt, ein Glühbirnchen nicht brennt, stehen Sie sicher bei Ihrer Autowerkstatt am Mittag auf der Matte und schlagen Alarm. Um Himmels willen, was hat er denn? Doch hoffentlich nichts Schlimmes. Er wird doch nicht unterwegs stehen bleiben. Das beste Stück muss auf der Stelle auf Herz und Nieren geprüft werden.

Was aber hat Ihr Auto mit Ihrer Gesundheit zu tun? Recht viel.

Vielleicht genießt Ihr Auto einen weitaus höheren Stellenwert als Sie selbst. Ihre Gesundheit, Ihr Körper muss immer funktionieren – äußerst selten wird hier freiwillig Boxenstopp gemacht. Beschwerden und Wehwehchen werden meist unterdrückt und ignoriert. Männer sind geradezu Meister darin. Die Antwort ist immer die gleiche: Es ist keine Zeit vorhanden, um krank zu sein. Man darf nicht ausfallen, wichtige Termine stehen an. Nur nicht schlappmachen, ist die Devise. Das wäre Schwäche, und schwach darf man im Business nicht sein.

Krankheit ist das Gegenteil von Gesundheit, und unser Lebensstil zwischen Hektik und Fastfood fordert seinen Tribut. Krankheit ist aber auch ein wichtiges Korrektiv des Körpers, das die ihm nicht gegönnten Auszeiten und anderes einfordert. Und während dieser Zwangspause lernen wir dann wieder, auf unseren Körper zu hören und merken, dass es auch eine Zeitlang ohne uns geht. Die Krise Krankheit ist demnach auch eine neue Chance.

Lassen Sie es also nicht so weit kommen, dass Sie kraftlos und übermüdet von einem Termin zum anderen hetzen, dass Sie sich nur noch mit Red Bull auf den Beinen halten können und Ihre gesunde Gesichtsfarbe vom Turbobräuner stammt.

Lassen Sie's nicht so weit kommen, dass Sie Ihre Tränensäcke und dunklen Augenringe mit Camouflage abdecken müssen. Haben sich Sorgenfalten tief in Ihr Gesicht eingegraben und Sie um Jahre altern lassen, dann schaffen Sie Abhilfe und vertrauen Sie sich Spezialisten an. Wenn Sie vor Hektik Pickel und rote Flecken auf der Haut bekommen haben, so lassen Sie diese behandeln. Hat Sie inzwischen Parodontose und Zahnausfall heimgesucht, so sollten Sie dieses Problem lösen, denn Sie wirken damit nicht ansprechend. Leiden Sie regelmäßig unter Rückenschmerzen und quälen Sie sich morgens wie ein Hundertjähriger aus dem Bett, dann sollten Sie mal Ihre Bandscheiben untersuchen lassen. Husten Sie morgens wie ein altes Pferd, so sollten Sie weniger rauchen und einen HNO-Arzt konsultieren. Planen Sie neben all Ihren Geschäftsterminen Zeit für Ihre Gesundheit und Ihre Fitness ein. Bedenken Sie, dass Ihre gute, gesunde und positive Ausstrahlung ein wichtiger Erfolgsfaktor ist.

6.2 Wellstyle – in einem gesunden Körper steckt ein gesunder Geist

Seit rund zehn Jahren ist Wellness der große Trend, und ein Ende ist nicht in Sicht. Es gibt Wellnessbehandlungen, Wellnesskuren, Wellnessklamotten, Wellnessseminare. In London und Frankfurt eröffneten kürzlich ganzheitliche Restaurants.

Vor der Bestellung wird man zuerst vom Küchenchef über seine Ernährungsgewohnheiten, Allergien und den aktuellen Gesundheits- und Gemütszustand befragt. Danach erhält der Gast einen Vorschlag für sein individuelles Gericht.

Das mag auf den ersten Blick etwas überkandidelt erscheinen, weist aber auf den bedeutsamen Umstand hin, dass Essen, körperliche Befindlichkeit und Sport etwas miteinander zu tun haben.

Denn das körperliche Wohlbefinden der Mitarbeiterinnen und Mitarbeiter spielt inzwischen auch bei Unternehmen eine immer größere Rolle. Diese fühlen sich immer mehr dafür verantwortlich und stellen Möglichkeiten zur Verbesserung der Balance zur Verfügung. Das können ein integriertes Fitnessstudio, Yogaübungen, Reikisitzungen oder ambulante Massagen bis hin zur Unterstützung bei naturheilkundlichen Behandlungen sein.

Der boomende Markt verführt viele Unternehmen dazu, verschiedenste Produkte mit dem Etikett «Wellness» auf den Markt zu werfen.

Die Verbraucher sind dankbar, aber zuweilen ziemlich unkritisch. Ist es doch bequemer, das fertige Produkt zum Thema Gesundheit zu kaufen als selbst etwas zu tun. Lieber einen Bio-Schokoriegel kaufen, dann kann man die Schokolade mit weniger schlechtem Gewissen essen.

Aber diese Konsumenten belügen sich selbst, denn ob Gesichtverjüngung durch Kosmetika oder Produkte zur Gewichtsreduzierung: Erfolg mit Wellness hat nur der, der selbst aktiv mitmacht. Wellness versteht sich als eine Frage des Lebensstils. Aktive Wellness fordert dazu auf, das eigene Schicksal und die eigene Gesundheit bewusster in die Hand zu nehmen.

Wer sein Leben eigenverantwortlich anpackt, hat viele Vorteile. Er hat einen leistungsfähigen und attraktiven Körper, mehr Spaß am Leben und an der Arbeit, eine höhere Motivation und mehr Lebensfreude. Das Leben mit einer gesunden Portion Stress sorgt für eine starke Immunabwehr. Man wird nicht krank. (Nur der negative Stress macht krank und unglücklich.) Ein gesunder und positiver Lebensstil erhöht die positive Ausstrahlung und führt zur Erhöhung des Selbstwertgefühls und damit zu einem gesteigerten Selbstbewusstsein.

Untersuchungen der Universität von Wisconsin haben ergeben, dass die sozialen, emotionalen, körperlichen, intellektuellen, beruflichen und geistigen Lebensbereiche für einen Wellnessorientierten Lebensstil von Bedeutung sind.

Stellen Sie sich ganz ernsthaft einmal folgende Fragen:

- Emotional: Leben Sie in Harmonie mit sich und Ihrer Umwelt? Haben Sie ein Lebensziel? Sind Sie mit sich wirklich zufrieden?
- Sozial: Pflegen Sie Ihre Kontakte zu Ihren Mitmenschen und pflegen und schützen Sie Ihre Freundschaften? Nehmen Sie sich genügend Zeit für Ihre Familie? Interessieren Sie sich wirklich für Ihre Mitmenschen oder stellen Sie sich selbst immer in den Mittelpunkt?

- Beruflich: Haben Sie sich schon einmal gefragt, ob Ihnen Ihr Beruf wirklich Spaß macht? Haben Sie den Eindruck, dass Sie mit dem,was Sie tun, Ihren Mitmenschen, Kollegen, Kunden und Partnern nützen?
- Intellektuell: Wie auch Muskeln ständig trainiert werden müssen, so sollte auch unser Geist ständig trainiert werden. Kreuzworträtsel lösen reicht nicht. Deshalb fragen Sie sich doch einmal, wie es mit Ihren kulturellen Interessen aussieht!
- Geistig: Sind Sie sich Ihrer Schwächen und Stärken bewusst? Haben Sie eine positive Einstellung zum Leben oder sehen Sie immer alles negativ?
- Körperlich: Halten Sie sich regelmäßig fit, um den täglichen Herausforderungen gewachsen zu sein? Wie sieht es mit Ihrer Ernährung aus? Kennen Sie überhaupt Ihren täglichen Bedarf an Vitaminen und Mineralstoffen. Gehen Sie regelmäßig zu Check-Ups? Nehmen Sie zu viel Nikotin und Alkohol zu sich? (Ich hoffe, Sie haben schon ein ganz schlechtes Gewissen, wenn Sie das alles lesen.)

Es ist ganz offensichtlich, dass alle sechs Faktoren berücksichtigt und in Einklang gebracht werden müssen. Dies führt zu mehr Ausgeglichenheit und innerer Harmonie – und damit automatisch zu mehr Erfolg und Selbstbewusstsein. Machen Sie sich deshalb eines klar: Es ist viel preisgünstiger (und anstrengender), den authentischen Wellnessgedanken zu leben, aber er ist auch ehrlicher und wirksamer.

6.3 Ihre Seele – Schönheit kommt von innen und spiegelt Ihre äußere Ausstrahlung

Haben Sie sich schon einmal im Spiegel betrachtet, genau in dem Moment, wo Sie überglücklich waren, hätten Bäume ausreißen und die ganze Welt umarmen können? Haben Sie den Glanz in Ihren Augen gesehen, die Gesichtshaut angenehm durchblutet und gerötet?

In solchen Momenten wirken Sie. Ganz ohne Make-up und Styling. Sie bewegen sich anders, sie haben eine andere Körperhaltung. Menschen, denen Sie begegnen, bemerken Sie und begegnen Ihnen offen und freundlich.

Sie sind glücklich und es geht Ihnen gut. Jedermann sieht es Ihnen an und kann es geradezu fühlen. Sie denken positiv und zuversichtlich, und in solchen Momenten oder an solchen Tagen gelingt Ihnen einfach alles, was Sie anpacken. Sie gehen ganz nach Ihrem Gefühl, und dadurch machen Sie auch nichts falsch.

Nach dem Gefühl oder dem Herzen oder nach seinem Bauch gehen – jeder Mensch hat andere Bezeichnungen dafür – ist nichts anderes, als auf sein Unterbewusstsein hören.

Lange Zeit war dieses Zugeständnis an die eigene innere Stimme geradezu verpönt. In unseren New-Image-Seminaren ist es aber inzwischen auffallend, wie männliche Teilnehmer sich inzwischen zu ihr bekennen, sei es bei beruflichen Entscheidungen oder im zwischenmenschlichen Bereich. Hatten in der Vergangenheit doch gerade die Männer darauf beharrt, logisch, analytisch zu sein und ganz ihrem Verstand zu folgen.

Es ist erfreulich, dass die Menschen sich endlich dieses wichtigen Faktors bewusst werden – und der inneren Stimme oder dem eigenen Instinkt folgen. Emotionale Intelligenz wird es jetzt auf Neudeutsch bezeichnet. Endlich bricht sich die Erkenntnis Bahn, dass Körper und Geist eine Einheit zwischen Verstand und Gefühl bilden (Daniel Goleman sei Dank).

Hören Sie auf Ihre seelischen Bedürfnisse, denn wenn Sie seelisch gesund sind, befinden Sie sich im Gleichgewicht. Wenn Sie im Gleichgewicht sind, dann strahlen Sie Ihre innere Schönheit nach außen. Sie sind einfach schön.

II. Wege zu Ihrem persönlichen Stil

7. Styling – Dress for Success

7.1 Vom gefälligen Selbstbild zum kritischen Fremdbild

Wie kombiniere ich mein blaues Sakko mit welcher Hose? Welche Strümpfe ziehe ich zur grauen Flanellhose an? Wie bindet man einen doppelten Windsorknoten? Was ist, wenn meine Frau morgen früh immer noch sauer auf mich ist und meinen Koffer für die Geschäftsreise nicht packt? Was ist eine Barbourjacke? Warum darf ich zum Business-Meeting meine geliebten weißen Socken nicht anziehen? Was ist ein «rib knit»? Was ist ein Four-in-hand-Knoten? Furchtbar. Quälen Sie, meine Herren, auch immer solche Fragen?

Und die Damen werden sich fragen: Warum darf man selbst im Hochsommer nie ohne Strümpfe formell auftreten? Wieso war die Seminarleiterin der Meinung, ich hätte zu viel Schmuck an? Warum hat mir der Seminarleiter so auf meine Beine (die unrasierten) gestarrt? Was soll ich bloß zur Geschäftseröffnung anziehen? Was meinen die mit Business-Make-up?

Wenn Sie wirklich ehrlich mit sich umgehen, können Sie spätestens hier bestätigen, dass Sie mit Ihrem Wissen nicht immer ganz auf der Höhe sind.

Die üblichen Business-Rules haben die Herren möglicherweise schon bisher beachtet, weil sie ihren Vater, ihre Kollegen oder ihren Chef nachgeahmt haben. Oder deren Einhaltung war nicht notwendig, weil sie bisher in der glücklichen Lage waren, nicht allzu formell auftreten zu müssen. Die Damen haben es dahingehend etwas leichter, weil sie doch schon modisch etwas vorbelastet sind und sich viele nützliche Anregungen aus Frauenzeitschriften holen können.

Beim formellen Business-Look scheiden sich die Geister. Es ist schlimm, welche Fauxpas man oft bei Seminaren, Kongressen oder in Lobbys von exklusiven Hotels beobachten kann.

Doch keine Angst, es ist noch kein Meister von Himmel gefallen. Für diese armen Menschen gibt es Hilfe. Sie werden sehen: Es ist gar nicht so kompliziert. Sie sollten nur einige Grundregeln beherzigen, und die lassen sich einfach lernen. Sie haben doch einen Führerschein? Oder? Und mit einem Handy, PC oder Ihrem Palm können Sie doch auch wunderbar umgehen. Keine Frage also, dass Sie die Business-Rules und den Dresscode begreifen werden. Nachdem wir uns in den vorigen Kapiteln mit der Entwicklung der Persönlichkeit und eines Images beschäftigt haben, kommen wir nun zur Frage, wie wir uns angemessen nach außen darstellen. Es geht um nichts weniger als die Optimierung des Selbstbewusstseins durch richtiges Auftreten.

Können Sie die folgenden Fragen mit Ja beantworten?

- ☐ Ist Ihr Auftreten immer optimal?
- ☐ Strahlen Sie in einer formellen Kleidung Sicherheit und Autorität aus?
- ☐ Stellen Sie Ihre Kleidung immer richtig zusammen?
- ☐ Steht Ihnen für jeden Anlass und für jede Jahreszeit die richtige Kleidung zur Verfügung?
- ☐ Haben Sie Sexappeal?
- ☐ Besitzen Sie eine gut zusammengestellte Garderobe?
- ☐ Oder ist Ihr Kleiderschrank ein Sammelsurium von Dingen, die nicht zusammenpassen (und Sie wissen es sogar noch selber)?
- ☐ Lassen Sie sich zu sehr von anderen Leuten beeinflussen?
- ☐ Wie möchten Sie wirklich aussehen?

7.1.1 Wie läuft Image-Consulting ab?

Bei einer persönlichen Imageberatung wird vorab zusammen mit der Klientin oder dem Klienten über die persönliche Zielsetzung gesprochen. Es muß klar sein, ob der Klient die Beratung rein beruflich benötigt, in einem System also, wo bestimmte Regeln einzuhalten sind. Das kann ein Manager sein, der zu einem anderen Konzern mit anderer Unternehmensphilosophie wechselt, oder ein Existenzgründer, welcher nun Kontakt zu Lieferanten, potentiellen Kunden und Bankern aufnehmen muss. Es ist auch möglich, dass Klienten einfach mehr aus sich manchen möchten und Neugierde oder ein aktueller Anlass, wie die Trennung von einem Partner, der auslösende Moment für eine Beratung sind.

Dann wird eine Bestandsaufnahme gemacht: Wie tritt der Klient momentan auf? Welchen Stil bevorzugt er, welche Farben trägt er, und wie ist er in der Lage, alles miteinander zu kombinieren?

Daraus entwickeln wir eine Ist- und Soll-Liste. Wir stellen also fest, welche Dinge vorhanden sind und welche Ziele angestrebt werden.

Als Basis der Beratung nehmen wir eine Farbtypbestimmung vor, denn auf ihrer Grundlage erhält der Klient nützliche und wertvolle Hinweise über die Farben und Kombinationen seines Outfits.

Die Farbtypbestimmung wird mit Hilfe von Tüchern vorgenommen, die dem Klienten umgelegt werden. So lernt er, wie unterschiedlich Farben bei ihm wirken. Wir legen großen Wert darauf, dass der Klient wirklich in die Lage versetzt wird, die Unterschiede wahrzunehmen, damit er später nicht durch andere Meinungen verunsichert wird. Zu Beginn ist das Erkennen der Farben recht schwierig, denn viele Menschen haben sich nie damit befasst. Hinzu kommt, dass manche Männer über eine Farbblindheit im Grün- und Rotbereich verfügen.

Aber nach einigen Testtüchern verstehen die Klienten oder die Seminarteilnehmer sehr schnell, worauf es ankommt, und können die Unterschiede erkennen.

Manche Frauen sind gerne bereit, Farben auszuwählen, welche sie bereits als teure Anlage im Kleiderschrank hängen haben; dabei ist es ihnen egal, ob die ihrem Farbtyp entsprechen oder nicht.

Die Analyse der richtigen Farben kann von 25 Minuten bis 90 Minuten dauern, je nachdem, wie sensibel und begabt der Klient dafür ist.

Darüber hinaus sind wir in der Lage, fundierte Tipps auch in Bezug auf Haare, Haarschnitt, Farbe, Accessoires, Brillengestelle und, bei den Damen, das Make-up zu geben.

7.2 Wie Farben wirken

Farben stehen in einem sehr engen Zusammenhang mit unserer Physis und Psyche. Sie spielen in unserem Leben eine sehr wichtige Rolle. Ständig sind wir von Farben umgeben, nehmen sie aber oft nur unterschwellig wahr, da sie uns in unserem Umfeld zu selbstverständlich geworden sind.

Einige sehr wichtige und bekannte Persönlichkeiten haben sich bei der Entdeckung und in der Erforschung der Farblehre bzw. Farbpsychologie verdient gemacht: Newton, Goethe, Itten – um nur einige wenige zu nennen. Die bewusste Verwendung von Farben ist sehr alt – mehr als 5000 Jahre. Bereits damals setzte man in Asien Farben zum Heilen von Krankheiten ein.

Aber nicht nur über das Auge und über die Sensibilität des Sehnervs können wir Farben empfinden. Lassen Sie sich überraschen von den Wirkungen der Farben, mit denen Sie bisher so gedankenlos umgegangen sind.

Haben Sie sich schon jemals Gedanken gemacht, warum Sie kalte

Füße hatten, als Sie blaue Strümpfe trugen? Warum Sie im Winter so gerne Mandarinen, Orangen, roten Paprika und Tomaten essen? Wissen Sie, warum Ihr Chef letzte Woche so nervös und gereizt war, als Sie das rote Kostüm anhatten? Oder probieren Sie einfach einmal aus, bei Ihrer nächsten Halsentzündung einen blauen Rollkragenpulli zu tragen.

Sie sollten daher wissen, wie Farben überhaupt wirken! 1903 ging der Nobelpreis für Medizin an den dänischen Mediziner Professor Niels Finsen. Er erbrachte den wissenschaftlichen Beweis, dass die Energiestrahlung «Farbe» vom menschlichen Körper deutlich wahrgenommen wird. Farben sind demnach selbstständige Energien und führen zu unterschiedlichen Wirkungen.

Licht und damit die Farben sind Übermittler von bioenergetischen Informationen. Treffen die Farbschwingungen auf die Körperoberfläche, so werden spezifische Reaktionen ausgelöst. Die Rezeptoren in der Haut leiten diese Informationen an den Hypothalamus (einem Teil des Zwischenhirns) weiter und lösen dort endokrine Reaktionen aus. Sekrete werden freigesetzt und gehen ins Blut über. Die Eintrittswege der Farbenergien erfolgen somit unsere Augen und die Haut. Von dort verteilt sich die Wirkung der Energien bis in die kleinste Körperzelle.

Vor einiger Zeit wurde mit blinden Menschen ein interessanter Versuch durchgeführt: Stellen Sie sich einen blau getünchten Raum vor, in den man blinde Menschen führte – nach einiger Zeit sank ihre Körpertemperatur. Danach führte man sie in einen ganz in Rot gehaltenen Raum, worauf ihre Körpertemperatur wieder anstieg. Dies ist ein Beweis dafür, dass die Wirkung der Farben durch physikalische Kräfte verursacht wird und nicht mit einer Suggestivwirkung verwechselt werden darf.

Das Licht, das der Mensch wahrnehmen kann, wird in Form von elektromagnetischer Strahlung mit einer Wellenlänge von 370 nm und 720 nm ausgesandt (Ein Nanometer entspricht einem Millionstel Millimeter). Da fast alle Dinge unserer Umwelt Licht reflektieren, sind auch die Wellenlängen unterschiedlich. Wenn das von den Gegenständen zurückgeworfene Restlicht ungleichmäßig verteilt wird, dann sind wir in der Lage, die Oberflächen farbig zu sehen.

Bei der Farbe Weiß werden zum Beispiel alle Lichtstrahlen reflektiert, und bei der Farbe Schwarz wird jegliches Licht geschluckt.

Lernen Sie nun die Wirkungen der einzelnen Farben etwas genauer kennen. Sie können dann in Zukunft Farben wesentlich gezielter einsetzen, um Ihr persönliches Wohlbefinden zu optimieren. Sehen Sie die Welt nicht nur schwarz und weiß, sondern bunt.

7.2.1 Farben und ihr Ausdruck

Weiß

Weiß ist eine so genannte unbunte Farbe und hat nur eine geringe messbare Farbschwingung. Weiß verbindet man mit Sauberkeit, Reinheit, Klarheit und Unschuld.

Weiß kann aber auch ein Zeichen von Unnahbarkeit und Distanz sein. In Asien ist Weiß eine Trauerfarbe, in Europa und Amerika eine Farbe des Glücks.

Schwarz

Schwarz ist wie Weiß «unbunt». Die Farbschwingung ist bei Schwarz ebenfalls nur gering messbar, und zwar nur dann, wenn das schwarze Material glänzt. Schwarz ist sehr umstritten, weil man es in unserem Kulturkreis oft mit Tod, Trauer und Depression verbindet. Schwarz ist kalt und wird oft bei besonderen Festlichkeiten angewendet. Auch schillernde Persönlichkeiten kleiden sich bevorzugt in Schwarz und wirken dadurch interessant und unnahbar. Schwarz ermöglicht das Gefühl des Rückzugs. Schwarz ist eine Farbgebung der Abkehr, von Oberflächlichem und Lautem. Schwarz wirkt geheimnisvoll und undurchsichtig. In Asien gilt es als Glücksfarbe, da man mit ihr Reichtum verbindet. Viele Frauen kleiden sich bevorzugt schwarz, weil es leichter ist, Schwarz geschmackvoll mit anderen Farben zu kombinieren. Außerdem ist es weitverbreitet, wenn man einige Kilos optisch wegmogeln möchte. Denn Schwarz macht schlank! Doch Vorsicht – dies trifft leider nicht immer zu.

Rot

Rot ist die männliche Farbe und Blau die weibliche. Rot ist voller Aktivität und Power. Rot steht für Lebensfreude und Lebensenergie.

Haben Sie nicht auch manchmal Tage, an denen Sie voller Energie aus dem Bett springen und die Welt umarmen möchten? Dies sind sogenannte Rottage. An diesen Tagen gelingt einem fast alles, was man sich vornimmt. Doch Vorsicht – Rot kann auch kämpferisch, aggressiv und aufregend wirken. Rot lässt den Blutdruck ansteigen, erzeugt Wärme und wirkt erotisch.

Violett

Violett ist eine ganz besondere Farbe, es ist weder Rot noch Blau, sondern eine Mischung von beiden. Violett wird auch als eine Farbe der Grenzüberschreitung bezeichnet. Violett wirkt auf das Unterbewusstsein, weil es inspiriert.

Sie haben wahrscheinlich schon eine violette Phase in Ihrem Leben durchgemacht. In Zeiten der Umwandlung, Veränderung, des Mit-sich-selbst-Beschäftigens neigt man zu Violetttönen.

Violett wird häufig mit Magie und Mystik in Verbindung gebracht. Therapeutisch hilft es bei Kopfschmerzen und Nervosität. Da Violett die Flüssigkeitsspeicherung im Körper verhindert, wird es therapeutisch gerne gegen Übergewicht und Cellulite eingesetzt.

Grün

Grün ist die Natur, das Vertrauen, die Regeneration und die Beruhigung.

Grün wirkt erfrischend und konzentrationsfördernd. Grün ist die Farbe der Harmonie und des Friedens. Grün läßt Rötungen verschwinden und hilft bei Nervosität und Unruhe.

Gelb

Gelb ist die Farbe des Lichtes, des Goldes und des Ruhmes. In Europa kann man nicht so viel mit dieser Farbe anfangen. Gelb macht glücklich, ausgeglichen und fröhlich. Laut Johann Wolfgang von Goethe und seiner Farblehre macht Gelb den Faulen fleißig; deshalb wird die Farbe Gelb häufig in Büroräumen, Seminar- und Konferenzräumen angewendet.

Therapeutisch wirkt Gelb auf Leber und Galle sowie auf die Verdauungsorgane. In der innovativen Gastronomie- und Hotellerieszene werden gerade diese Farben bewusst gewählt, weil sie appetitanregend wirken. Im modischen Bereich ist Gelb eine Farbe, die leider selten getragen wird, da sie den meisten Menschen zu grell und auffällig ist. Deshalb wird eher ein Gartenschirm oder eine Sonnenmarkise in dieser Farbe eingekauft.

Auf die Kleidung bezogen kann Gelb durchaus schlechte Stimmungen ausgleichen, und bei Besprechungen mit nervösen Gesprächspartnern kann ein kleiner Akzent in der Krawatte positiv wirken.

Orange

Orange verbreitet Heiterkeit und Lebensfreude. Es ist eine warme Farbe, die Geborgenheit, Gemütlichkeit und Behaglichkeit ausstrahlt.

Durch Orange wird unsere Kontaktfähigkeit zu unserer Umwelt verbessert. Orange läßt uns für eine Weile unsere negativen Stimmungen vergessen. In modernen Kliniken und Schulen werden die Räume in orangefarbenen Akzenten gehalten. Orange wirkt ebenfalls appetitanregend, und orange Räume lassen diese auch temperaturmäßig wärmer erscheinen.

Indigo

Indigo ist eine verdichtete Farbkonzentration von Blau. Indigo wirkt demnach intensiver. Es ist eine mystische Farbe, wirkt auf das Unterbewusstsein und aktiviert spirituelle Kräfte.

Außerdem steht diese Farbe für Ausgeglichenheit, Gelassenheit und Friedfertigkeit. Therapeutisch wendet man Indigo zur Schmerzstillung, Heilung und Beruhigung an.

Blau

Blau ist mit Abstand die beliebteste Farbe in unseren Breitengraden, weil sie viele positive Eigenschaften beinhaltet.

Blau ist die Hoffnung, die Treue, das Fernweh, die Weite, das Große, das Seriöse. Denken Sie nur an die Berufskleidung der Manager und Banker – Blau ist vertrauenswürdig. Beachten Sie in diesem Zusammenhang die Firmenfarben von Kreditinstituten.

Geldgeschäfte haben mit Vertrauen und Seriosität zu tun. Blau ist eine kalte

Farbe, deshalb lässt Blau den Blutdruck sinken. Wenn Sie also einen Termin haben und aufgeregt sind, dann sollten Sie an diesem Tag ein blaues Kostüm oder einen blauen Blazer anziehen. Blau entspannt, wirkt ausgleichend und harmonisch.

Die Farbe wirkt auch entzündungshemmend und wurde schon vor langer Zeit zur Heilung von Entzündungen und zur Fiebersenkung eingesetzt.

Braun

Braun ist die Farbe der Erde, und deshalb vermittelt diese Farbe Bodenständigkeit, Altbewährtes und das Konservative. Braun gibt das Gefühl von Sicherheit und Stabilität und Gemütlichkeit. Braun wirkt aber auch hausbacken, mütterlich und streng.

Nun haben Sie einen Überblick, wie Farben wirken und wie wichtig es für Sie ist, Farben bewusst auszuwählen.
Wir hatten bereits vorher vom Farbtyp eines Menschen gesprochen. Jeder Mensch entspricht einem bestimmten Farbtyp, aufgrund unserer genetischen Veranlagung sind die Farbpigmente, das Melanin in Haut, Augen und Haarfarbe, einmalig – wie ein Fingerabdruck.

Diese Pigmente werden uns vererbt und bleiben ein Leben lang spezifisch – unabhängig davon, ob man im Urlaub vorübergehend karibisch braun wird oder im zunehmenden Alter weniger Pigmente produziert und dadurch grau- oder weißhaarig wird. Jeder Mensch besitzt seine spezifischen Farbpigmente.

Carole Jackson, eine amerikanische Designerin, hat vor rund 20 Jahren mit der Farbberatung Furore gemacht und entdeckt, dass es zwei warme und zwei kalte Farbgruppen gibt. Inspiriert wurde sie unter anderem durch den Bauhaus-Architekten Johannes Itten. Der beobachtete durch Zufall, dass die Farbwahl seiner Studenten stark konform mit deren Haar, Augen und Hautfarbe war.

Jackson gab den Farbgruppen Namen. Da sie sich mit ihren Beispielen stark an die Natur anlehnte, bezeichnete sie die warmen Farben als Frühlings- und Herbstfarben und die kalten Farbfamilien als Sommer- und Winterfarben.

Diese Bezeichnungen sorgen manchmal bei den Beratungsgesprächen für etwas Unmut. Da gibt es den kalten Wintertyp, welcher nicht eiskalt und berechnend wirken möchte, und den Typ, der Sommerfarben liebt, weil er im Sommer Geburtstag hat, obwohl er ein Herbsttyp ist. Auch gibt es kurzfristig kleine Irritationen, wenn man einem Manager erklären muss, warum er ein warmer Frühlingstyp ist.

Was ist mit «warm» und «kalt» bei den Farben gemeint? Warme Farben schimmern gold-gelb und kalte Farben bläulich-silbrig.

Carole Jackson schrieb darüber ein fabelhaftes Buch mit dem Titel «Colour me beautiful», und so wurde das Prinzip der Farbberatung bekannt. Zum Glück gab es in Deutschland, Österreich und der Schweiz die Soap Operas «Denver» und «Dallas» im Fernsehen, sodass die Farbenlehre auch hier bekannt und begehrenswert wurde.

Denn diese Soaps, die sich angeblich niemand ansah, bei denen aber jeder wöchentlich über die neuesten Schandtaten von J. R. Ewing, Alexis, Pamela und Co. Bescheid wusste, waren Vorreiter des Farbstylings. Die Serien waren exakt nach der Farblehre ausgestattet, und zwar vom Outfit bis zur Haarfarbe – sogar ein Juwelier fertigte entsprechend Schmuck nach der Jahreszeiten-Typologie an.

Nun sind mittlerweile viele Frauen und Männer farbanalysiert, manche korrekt und manche auch falsch. Ich erfuhr von Kunden, welche sich bereits dreimal zu Farbberatern begeben hatten, dass sie dreimal als jeweils unterschiedlicher Farbtyp analysiert worden waren. Das ist nicht verwunderlich, denn es handelt sich nicht um einen anerkannten Ausbildungsberuf, und jede und jeder darf sich auch ohne Ausbildung Farbberater nennen.

Die Konsequenzen dieser Pfuscherei können ins Geld gehen, da nach einer Beratung oft Neuanschaffungen (Garderobe, Schuhe, Accessoires, Wohnungseinrichtung) vorgenommen werden.

Erkundigen Sie sich also vorher nach Referenzen der Beraterin resp. des Beraters und nach Art und Qualität der Ausbildung.

7.2.2 Sommer- und Winterfarben

Nach der Behandlung des Charakters der Farben kommen wir zum zweiten Teil unserer kleinen Farbtypologie, zu den Sommer- und Winterfarben. Vielleicht gelingt es Ihnen, selbst zu erkennen, welche Farben für Sie günstig sind. Doch Vorsicht: Denken Sie daran, dass nichts so schwierig ist, wie sich selbst objektiv zu beurteilen. Gehen Sie am besten ans Tageslicht und halten Sie sich einfach Kleidungsstücke in den verschiedensten Farben vor das Gesicht. Falls Sie gefärbte, getönte oder mit Strähnen aufgefrischte Haare haben, so decken Sie diese bitte ab. Und die Damen sollten diesen Farbtest am besten ungeschminkt ausführen.

Vergleichen Sie nun verschiedene Farbfamilien miteinander, zum Beispiel

Orange und Pink, Gold und Silber, Braun und Schwarz, Tannengrün und Olivgrün.

Wenn Sie die für Sie falschen Farben auswählen, können Sie eine bemerkenswerte Veränderung in Ihrem Gesicht feststellen. Linien, Falten sowie Augenschatten oder Hautrötungen kommen sehr stark zum Vorschein. Auch die Gesichtsformen können verwaschen und ohne Kontur erscheinen. Mit manchen Farben kann Ihr Gesicht dunkler und breiter und mit anderen Farben sehr blass, müde und hart wirken.

Sie werden sehen: es ist nicht ganz einfach, die für Sie richtigen Farben zu erkennen. Sicherheitshalber sollten Sie Ihre Farbentscheidungen noch einmal von einem seriösen Farbberater oder einer Farbberaterin überprüfen lassen.

In der Regel wird dort bei speziellen Lichtverhältnissen und mit einer riesigen Farbpalette mit ungefähr 120 verschiedenen Farben gearbeitet. Einzelne Farbtücher werden Ihnen um die Schultern gelegt und miteinander verglichen. Ein guter Farbberater zeigt dem Kunden, wie jener die Farben richtig erkennen kann. Ferner werden Übungen angestellt, welche Farben der Kunde nun am vorteilhaftesten miteinander kombinieren kann.

Und damit dies alles keine graue Theorie bleibt, bekommt der Kunde in der Regel seinen individuellen Farbpass mit nach Hause. Dieser kostet je nach Region zwischen 125 bis 200 Euro und sollte im Beratungspreis inbegriffen sein. Mit diesem Farbpass ist der Kunde in der Lage, passend einzukaufen. Als kleine Orientierung ist auf dem Buchumschlag ein Farbpass abgedruckt.

Der Sommertyp

Kennzeichnend ist der bläuliche Unterton der Haut. Sommertypen sind sehr hellhäutig bis blass oder etwas rosig «überhaucht». Es gibt sie auch mit einer rosafarbenen bis dunklen rosabeigen Haut. Andere Vertreter der Sommerkategorie weisen einen blass-gelblich-beigen Hautton auf. In der Sonne wird der Sommertyp in der Regel ohne viele Sommersprossen schön braun.

Als Kind waren die Vertreter dieser Farbfamilie meist blond, weißblond, aschblond oder dunkelaschblond. Mit zunehmendem Alter dunkelt das Haar nach. Das Haar kann dann hellbraun bis mittelbraun sein. In der Regel wirkt es etwas langweilig und wird daher gern als Mausbraun bezeichnet.

Die Augen des Sommertyps sind überwiegend blau, grün, aquamarin, grau oder haselnussbraun.

Bevorzugte Farben

Vorteilhafte Farben für den Sommertyp sind alle kalten pudrigen Pastelltöne wie Creme, Mint, Rosa, Vanille, Hellblau, Grau. Auch Blaugrau, Rauchgrau, Rosabeige, Kakaobraun, abgeschwächtes Marineblau, alle Blaugrüntöne, blaustichige Pinknuancen, Lila und Dunkelrosa, blaustichige Rottöne, Flieder, Orchideen- und Malventöne, Weinrot, Pflaumenblau, Jeansblau.

Diese Farben sollten Sie meiden

Schneeweiß und Schwarz sowie Orange, Gold und alle gelblichen Beigetöne und alle Erdtöne sollten vermieden werden.

Bevorzugte Muster

Uni, keine harten Kontraste sowie kleine bis mittelgroße Muster, zarte Streifen, Karos.

Accessoires

Accessoires sollten im Silber-, Weißgold- und Platinbereich liegen und nicht zu aufdringlich wirken.

Styling

Sportlich und feminin und bei Herren sportlich und männlich.

Brillen

Brillengestelle sollten ebenfalls in kühlen, pastelligen Tönen wie Silber, Blau, Grau oder Rosa gewählt werden. Nehmen Sie auf keinen Fall Brillen mit Goldrändern oder goldenen Stegen. Das macht Sie älter und unscheinbarer.

Parfüm
Bei Parfüms bevorzugen die Sommertypen meist blumige, frische Noten, keinesfalls zu schwere, süße Essenzen.

Der Wintertyp

Der Wintertyp zeichnet sich durch einen bläulichen oder bläulichrosigen Unterton aus. Es gibt Wintertypen mit olivfarbenem Teint sowie mit blass-gelblichem Unterton. Dieser Typus kann auch sehr helle Haut und sehr dunkle Haare haben.

Die Haarfarben sind meistens dunkel. Die Palette reicht von Hellbraun über Dunkelaschbraun bis Blauschwarz. Als Kinder können die Haare durchaus auch richtig weizenblond gewesen sein. Im Alter ergrauen die Wintertypen auf attraktive Art und Weise und bekommen silbergraue Haare.

Die Augen können von ausdrucksvollen Farben wie Braun, Schwarzbraun, Grün, Blau, Graugrün, Dunkelblau oder Bernsteinbraun sein.

Bevorzugte Farben
Der Wintertyp kann kühle, kräftige, klare, eisige Farben mit blauem Unterton tragen. Basisfarben können sein: Weiß, Schwarz, alle Grautöne, Dunkelblau, Schwarzblau, Tannengrün, Bordeaux.

Diese Farben sollten Sie meiden
Zu vermeiden sind alle Erdtöne, Orange sowie Gold und alle warm unterlegten Töne.

Bevorzugte Muster
Die Muster sollten starke Farbkontraste aufweisen, zu empfehlen sind Karos, Streifen, Pepita, Pfeffer und Salz und und Glencheckmusterungen.

Accessoires

Die Accessoires sollten auch bei diesem kalten Farbtyp in Silber, Platin oder Weißgold sein.

Styling

Der Stil von Wintertypen ist klar und puristisch ohne viel Chichi.

Brillen

Bei Brillengestellen können Wintertypen von silberfarbenen Metallgestellen über Schwarz, Weiß, Blau, Rot bis zu stark gemusterten Gestellen auswählen.

Parfüm

Bei Parfüms kann der Wintertyp auf alle orientalischen, geheimnisvollen Noten zurückgreifen. Nur nicht zu süß und schwer sollten sie wirken.

Der Frühlingstyp

Hier ist der goldene Hautton auffallend. Frühlingshäute sind die zartesten von allen vier Farbtypen. Die Hauttönung geht von Elfenbein über Pfirsichrosa bis Goldbeige. Auch Sommersprossen sind sehr häufig anzutreffen. Frühlingstypen sind sehr häufig rotwangig und erröten leicht.

Die Haarfarben der Frühlingstypen gehen von Flachsblond, Honigblond, Gelbblond, Rotblond, echt rothaarig bis zu Braun mit einem goldenen Schimmer. Augenfarben der Frühlingstypen sind überwiegend Blau, Grün, Wasserblau oder Goldbraun.

Bevorzugte Farben

Der Frühlingstyp kann sehr gut Elfenbein, Creme, Beige, Goldbraun, Lachs, Veilchenblau und alle anderen warmen pastelligen Farben tragen.

Diese Farben sollten Sie meiden

Ungünstig wirken sich zu harte Kontraste wie Schneeweiß und Schwarz aus sowie alle blaustichigen kalten Töne.

Bevorzugte Muster

Bei Mustern kann der Frühlingstyp auswählen aus kleinen bis mittelgroßen Designs.

Accessoires

Accessoires sollten bei diesem warmen Farbtyp goldfarben sein, weil dies mit dem Hautton besser harmoniert.

Styling

Das Styling der Frühlingstypen sollte sportlich und natürlich wirken.

Brillen

Bei Brillengestellen sollte der Frühlingstyp auf eher ruhige, unifarbene Muster zurückgreifen. Farben können im Bereich von Gold, Honig, Lachsrosa, Beigebraun sowie allen transparenten Tönen aus der Frühlingspalette liegen.

Parfüms

Bei Parfüms sollte der Frühlingstyp auf Natürlichkeit und Frische achten. Fruchtig, frisch und grün sollten die Kriterien für eine Parfümauswahl sein.

Der Herbsttyp

Dieser Farbtyp spricht die meisten Menschen an. Bei den Hauttönen gibt es drei verschiedene Variationen von Teintfarben: die echten Rothaarigen mit hellem bis dunklem Hautton sowie Sommersprossen; den extrem hellen Typ mit Elfenbein und pfirsichfarbenem Teint sowie einen tiefbronzefarbenen Typ.

Viele Leute, besonders die Frauen, würden gerne diese Haarfarben, welche zwischen Boris-Becker- und Milva-Rot sowie aus brünetten Farben mit leicht rötlichem Kastanienschimmer variieren, auswählen.

Im Kindesalter kann der Herbsttyp goldblond sein. Er dunkelt mit dem Älterwerden nach. Die Haarfarben variieren zwischen Kastanienbraun, Kupferrot, Goldblond oder warmen Brauntönen mit rötlichem Schimmer.

Die Augenfarbe ist überwiegend braun. Hier reicht die Farbpalette von Goldbraun über Topas bis hin zu Dunkelbraun. Auch grüne Augen, welche von gelben bis orangefarbenen Strahlen durchzogen sind, findet man bei den Vertretern dieser Farbfamilie. Selbstverständlich kann man vereinzelt Herbsttypen mit türkisfarbenen, aquamarinfarbenen sowie stahlblauen Augen antreffen.

Bevorzugte Farben

Bevorzugte Farben für die Herbsttypen sollten sein: alle warmen Farben mit gelblichem Unterton wie Erdfarben, Rosttöne, Flaschengrün, Petrol, Kupfer, Cremeweiß, Kamelhaarbraun.

Diese Farben sollten Sie meiden

Ungünstig wirken Schwarz, Weiß und Pink sowie alle blaustichigen Töne.

Accessoires

Accessoires sind am besten im Goldbereich auszuwählen.

Styling und bevorzugte Muster

Bei Mustern sollte der Herbsttyp immer nach warm unterlegten Farben Ausschau halten, welche durchaus rustikal und sportlich wirken können, denn genau dies entspricht der Stilrichtung des Herbsttyps.

Brillen

Bei Brillengestellen sollte der Herbsttyp auf jeden Fall goldfarbenes Metall in Betracht ziehen. Außerdem sind die Farben der warmen Braunpalette von Honigbraun über Rostbraun zu empfehlen. Ferner können Kupfer, Moosgrün und Schilfgrün für den richtigen Farbakzent sorgen.

Parfüm

Die Parfüms dagegen sollten üppig-würzig und orientalisch gehalten sein.

Es gibt keine Mischtypen. Wir hören leider allzu oft, dass Berater ihren Kunden erklären, sie seien ein Mischtyp. Das sagen sie, wenn sie nicht mehr weiter wissen. Wenn es Mischtypen gäbe, könnte man sich die Beratung, also Zeit und Geld, sparen und alles miteinander kombinieren wie bisher.

Wenn nun der korrekte Farbtyp ermittelt wurde, dann kann spezifischer auf die weiteren Einzelheiten eingegangen werden.

7.3 Kleidung

7.3.1 Bevor Sie einkaufen gehen

Nachdem wir uns mit der Wirkung der Farben beschäftigt und Sie möglicherweise Ihren eigenen Farbtyp herausgefunden haben, stellt sich die Frage, welche Auswirkungen das auf Ihren Einkauf hat. Meine Antwort: erstaunlich wenig. Genau genommen brauchen wir gar nichts Neues, denn unser Kleiderschrank (und besonders Schränke bei den Damen) ist in der Regel prall gefüllt. Lassen Sie uns doch einfach einmal einen typischen, mitteleuropäischen, mittelständischen, wohlsortierten Durchschnittskleiderschrank durchstöbern.

Hinter der ersten Tür ist die Antiquitätenabteilung; da befinden sich all jene Kleidungsstücke, die schon immer und ewig aufgehoben wurden, weil sie uns an glückliche Ereignisse erinnern: das Tanzstundenkleid, das Standesamtskostüm, das Outfit, in dem man sich in Mr. Wonderful verliebt hatte. Die Partner sind längst verflossen, aber die alten Klamotten noch da.

Hinter der nächsten Tür – nennen wir sie die Do-it-yourself-Abteilung – werden Klamotten aufbewahrt, die längst reif für die Rote-Kreuz-Altkleidersammlung sind. Die Absicht bleibt ein Traum: hier eine kleine Veränderung, da eine Borte ansetzen und dort etwas die Länge ändern – das wird aber nie passieren, weil wir diese Aufgaben ständig vor uns herschieben.

Die dritte Tür verbirgt die Traumfigur-Abteilung. Da hängen alle Stücke – seit Jahren –, die man auf jeden Fall wieder anzieht, wenn – wenn das Wörtchen wenn nicht wär' … – wenn frau fünf Pfund am Bauch wieder abgenommen hat oder an den Hüften wieder schmaler wird. Also warten die Kleidungsstücke vergeblich darauf, wieder getragen zu werden.

Die letzte Tür des Schrankes enthält ein Sammelsurium von Kleidungsstücken in allen Stil-, Farb- und Trendrichtungen. Es passt kaum etwas richtig zusammen. Und nun werden die Herren das Problem der Damen endlich verstehen, wenn diese regelmäßig vor dem Kleiderschrank stehen und behaupten, sie hätten nichts anzuziehen. Denn es stimmt tatsächlich. Die meisten Damen haben, wenn es darauf ankommt, wirklich nichts Passendes anzuziehen.

Im Kleiderschrank der Herren der Schöpfung sieht es in der Regel nicht viel besser aus. Zwar ist es dort nicht so bunt und modisch, aber auch hier finden wir Kleidungsstücke, die entweder nicht mit der Figur oder mit der Mode mitgegangen sind.

In diesem Zusammenhang soll hier das Thema Mode noch kurz angesprochen werden. Sie ist etwas sehr Schönes. Sie kann das Leben durchaus bereichern. Wenn Sie nun aber ein *Fashion-Victim* sind, das permanente Modeopfer, dann sind Sie gezwungen, ständig Ihre Garderobe auszutauschen. Nur – die Trends ändern sich zweimal im Jahr. Da gibt es immer wieder die neuen Frühjahrs- und die neuen Herbstkollektionen. Wenn Sie ständig mit der Mode gehen wollten (vorausgesetzt, Sie sind nicht in der Modebranche tätig), dann endet das auf Dauer für Sie in einem wirtschaftlichen Fiasko. Und schließlich stehen Sie generell vor dem Problem, dass möglicherweise nicht alles, was an Farben und Schnitten als aktuell ausgerufen wird, von Ihnen getragen werden kann.

Bestimmen Sie also selbst, was Mode ist. Sie können es – entweder nach intensivem Studium oder nach einem Image-Consulting. Gerade im Geschäftsleben sind die Schnitte und die Farben klassisch. Das heißt für Sie: Sie können Ihre Kleidungsstücke (immer vorausgesetzt, dass Sie sich figürlich nicht allzu sehr verändern) wesentlich länger tragen, weil Sie nun die Möglichkeit haben, alles mit allem zu kombinieren.

Sie werden in der Lage sein, in Zukunft Kleidungsstücke bewusster einzukaufen und auszuwählen.

Meine Grundempfehlung lautet: Schaffen Sie sich zugunsten besserer Qualität nur wenige Kleidungsstücke an.

Bei richtigem Einkauf werden Sie in Zukunft keine Kleiderprobleme mehr haben, denn Sie müssen zum Beispiel für drei Tage Geschäftsreise keine drei kompletten Garnituren mehr einpacken. Dank guter Typ- und Farbeinschätzung ergänzen Sie Ihre Kleidung um die richtigen Farben und den passenden Stil.

Es passt einfach.

Lassen Sie sich vom netten Verkaufspersonal nicht mehr Dinge aufschwatzen, die Sie überhaupt nicht kleiden und in denen Sie sich nicht wohl fühlen.

Das Einkaufen ist wieder so eine Sache. Von den Damen wissen wir, dass sie wesentlich häufiger und lieber einkaufen gehen als Herren. Sie gehen auch dann, wenn sie eigentlich nichts benötigen, einfach mal so, um zu schauen, zum Entspannen, um sich von irgend etwas abzulenken, zur Kommunikation, aber auch aus weitaus nachhaltigeren Gründen: Um sich und das eigene Leben zu verändern oder um einen Schlusspunkt zu setzen und einen neuen Lebensabschnitt zu beginnen. Wir erinnern uns in dem Zusammenhang an den kompromisslosen Friseurbesuch. Beim Einkauf spielt sich weit mehr an sozialem Leben ab, als es der banale Austausch von Ware gegen Geld vermuten ließe.

Männer dagegen kaufen zielorientiert ein. Sie kaufen nur, wenn sie unbedingt etwas benötigen (immer vorausgesetzt, es sind keine Autos, keine Stereoanlagen, keine Palm-Organizer, keine Breitband-Handys oder andere elektronische Gimmicks). Frauen hingegen gehen wegen einer neuen Bluse los und kommen mit einem Kostüm, zwei Paar Schuhen, Unterwäsche für den Mann und einem neuen Nintendospiel für den Sohn zurück.

Dafür haben Männer weder Zeit noch Nerven. Sie gehen nicht einfach nur so bummeln und schauen, es sei denn, sie tun es der Partne rin zuliebe. Deshalb sind sie froh, wenn die Partnerin die Kleidung einkauft und sogar den Koffer packt.

Aber genug geredet, kommen wir zur praktischen Arbeit. Hier meine

Einkaufstipps

- Nehmen Sie Ihren Farbpass zu Hilfe (oder orientieren Sie sich nach Ihren Vorzugsfarben) und sortieren Sie Ihren Kleiderschrank aus.
- Alte Kleidungsstücke, die Sie länger als ein Jahr nicht mehr getragen haben, sollten Sie entweder verschenken oder in eine Secondhandboutique geben.
- Prüfen Sie bei den restlichen Kleidungsstücken, ob Größe und Stil noch aktuell sind.
- Kombinieren Sie alle Kleidungsstücke, die nicht Ihrem Farbpass entsprechen, mit Ihren richtigen Farben und tragen Sie sie dadurch aus.
- Wenn Sie zum Einkaufen gehen, nehmen Sie sich Zeit.
- Gehen Sie rechtzeitig vor Saisonbeginn, und gehen Sie alleine.
- Nehmen Sie Ihren Farbpass mit zum Einkaufen.
- Konzentrieren Sie sich ausschließlich auf Ihre Farben.
- Betrachten Sie die Kleidungsstücke auch bei Tageslicht.
- Gehen Sie nicht einkaufen, wenn Sie schlechte Laune haben.
- Kleiden Sie sich Ihrem Einkaufsziel entsprechend.
- Finden Sie IHR Geschäft.
- Wenn Sie Neueinkäufe tätigen, machen Sie sich bitte eine Checkliste nach folgenden Kriterien:
  - Was brauche ich wirklich?
  - Welche Farben möchte ich als Grundfarben anwenden?
  - Was kann ich wie mit dem bereits Vorhandenen ergänzen?
  - Wieviel Geld möchte ich ausgeben?

7.3.2 Kleider machen Leute …

Ein Märchen, das ich häufig in unseren Seminaren erzähle, ist das Märchen «Iss, mein Pelz, iss!»

Ein Hodscha (Geistlicher) wurde zu einem Festessen eingeladen. Er hatte seinen alten Talar an. Niemand beachtete ihn. Er kehrte sofort nach Hause zurück und zog seinen neuen Talar an, warf seinen Pelz über und ging wieder auf das Fest. Bei seiner zweiten Ankunft wurde er bereits an der Treppe empfangen, mit größter Ehrerbietung nach oben geführt, und der beste Platz wurde ihm zugewiesen, die besten Speisen wurden ihm angeboten. Jedesmal, wenn eine Speise serviert wurde, tunkte der Hodscha den Kragen seines Pelzmantels in die Schüssel oder in den Teller und sagte dabei: «Iss, mein Pelz, iss!»

Man fragte ihn: «Was machst du, Hodscha?»

Er antwortete: «Wenn Verehrung und Gastfreundschaft dem Pelz gelten, soll er auch etwas essen.»

Das Märchen zeigt uns das Spektrum unserer Möglichkeiten. Selbstdarstellung erfordert viel Fingerspitzengefühl, da man sich ständig auf einem schmalen Grat zwischen erfolgreicher Selbstdarstellung und Lächerlichkeit bewegt. Das sollten Sie also in den Kleiderfragen berücksichtigen.

7.3.3 Was braucht der Herr für das Business?

Unterwäsche

Beginnen wir gleich mit den «Grundlagen». Das wäre eine gut sitzende, bequeme und gepflegte Unterwäsche. An dieser Stelle sehen mich manche Herren im Seminar etwas irritiert an. Ich sage dann lächelnd: «Es gibt Situationen im Geschäftsleben, bei denen auch ein Manager mal die Hose runter lassen muss.» Gelächter. «Nein, meine Herren, nicht was Sie jetzt denken. Ich denke daran, wenn Sie im Büro der Schlag trifft und der Notarzt zur ersten Hilfe kommen muss.»

Es ist tatsächlich verheerend, was so bei manchen Männern darunter ist. Bauschige Boxershorts in Elefantengröße mit Bugs-Bunny- oder Nikolaus-Motiven, ausgeleierte, vergilbte Baumwollschlüpfer, unpassende Stringtangas; es ist manchmal schlichtweg schrecklich.

Dabei gibt es auch für Herren wundervolle, für alle Körpergrößen und Figuren passende Unterwäsche, ob von Hom, Calvin Klein, Olaf Benz oder Jockey, Calida und Schießer, um nur einige zu nennen.

Passende Unterwäsche formt und modelliert die Figur und gibt perfekten Halt.

Boxershorts

Boxershorts haben einen großen Beliebtheitsgrad bei den Herren – aber Frauen finden Boxershorts an Männern nicht besonders attraktiv. Sie können unter allen weitgeschnittenen Hosen oder Bundfaltenhosen getragen werden. Unter engen Hosen oder Jeans sind sie ungünstig, da sich der Stoff bauscht.

Wer jedoch Boxershorts aus seiner Garderobe nicht mehr wegdenken möchte, kann sie sich auch korrekt passend maßschneidern lassen. (Fa. Müller Maßhemden, Hof und Bayreuth, siehe Adressliste am Schluss des Buches)

Jockey-Unterhose

Der absolute Klassiker der Herrenunterhose ist die Jockey-Form. Hierbei handelt es sich um einen Slip aus hochwertiger Baumwolle, der vom Schnitt an eine sportliche Badehose erinnert. Typisch ist der auf dem Kopf stehende, Y-förmige Eingriff. Am Beinabschluss befindet sich ein Gummiband, das nur die Außenseite des Oberschenkels umfaßt, damit die Blutzirkulation noch gewährleistet ist. Dieser Jockeyslip modelliert die Figur und hält im Vergleich zu den Boxershorts die anatomischen Gegebenheiten im Gleichgewicht.

Pants

Sehr beliebt bei vielen Männern ist eine Unterhose in Medium-Size, auch als Pants oder als Shorty bezeichnet.

Hierbei handelt es sich um einen enganliegenden Slip mit längerem Beinabschluss, ähnlich wie bei den Boxershorts. Diese Unterwäsche in Kurzform wird auch als Tanga oder Slip bezeichnet. Unterschiede gibt es hierbei beim Bund. Es wird unterschieden zwischen den Formen Mini, Midi und Maxi mit breitem, schmalem oder überhaupt keinem Bund.

String

Ein Hauch von Unterwäsche ist der immer beliebter werdende String; er wurde früher häufig höhnisch belächelt und als Unterwäsche für Homosexuelle bezeichnet. In modischen Fragen, Styling und guten Umgangsformen sind Homosexuelle übrigens den Heteros weit voraus. Sie treten in der Regel gepflegter auf, achten mehr auf sich und sind Trendsetter; deshalb hat sich der String bei ihnen schon seit Jahren durchgesetzt. Doch wer Strings einmal getragen hat, der schätzt, daß bei leichteren Stoffhosen keine Abdrücke der Unterhose zu sehen sind. Eine Variation des Strings ist der Cock – eine Unterwäsche aus dem US-Sportbereich. Ob Footballspieler, Basketballer oder Jogger, die Amerikaner bevorzugen dieses String-ähnliche Modell, welches den String nicht durch die Pobacken führt, sondern über die Hüfte. Mittlerweile ist der Cock auch bei der Damenwelt sehr beliebt.

Das Material

Wenn von Unterwäsche und den bevorzugten Materialien gesprochen wird, dann ist gute ägyptische Baumwolle der Klassiker schlechthin.

Aber auch in diesem Bereich gibt es viele Innovationen. Nur um einige zu nennen: Meryl, Lycra, Microfibre und Tactel sind Chemiefasern, welche zum Teil auch mit Baumwolle kombiniert werden. Sie sind atmungsaktiv, pflegeleicht und haben eine perfekte Passform durch ausgearbeitetes, anatomisches Styling mit Verstärkungsnähten, welche beidseitig unterlegt sind. Sie sind federleicht, weich auf der

Haut und dehnbar. Eine patentierte Weltneuheit bietet die französische Firma Hom an. Sie brachte den Schlüpfer HO 1 auf den Markt. Das Besondere daran ist der Eingriff von oben. Denn Untersuchungen zufolge benutzen die Männer den Eingriff in der Unterwäsche selten bis nie. Beachten Sie bitte beim Unterwäschekauf, dass jede Firme ein anderes Größensystem hat. Wenn Sie nun bei einer Firma beispielsweise die Größe 5 gut tragen können, dann kann die gleiche Hose bei einer anderen Firma durchaus eine andere Größenzahl haben.

Die Farben der Herrenunterwäsche bewegen sich im Unibereich wie Schwarz, Weiß, Rot, Blau, manchmal mit grafischen Mustern. Hersteller wie Olaf Benz bieten auch Trendfarben wie etwa Dschungel oder Military-Designs an.

Unterhemden

1934 sorgte der amerikanische Frauenschwarm Clark Gable für einen handfesten Skandal und versetzte dem Unterhemdenmarkt einen schweren Schlag, als er in einer Filmszene sein Frackhemd auszog und seiner Filmpartnerin Claudette Colbert seinen nackten Oberkörper zeigte. Weil er damit so sexy wirkte, sanken schlagartig die Unterhemdenumsätze in den Keller …

Wir aber wollen uns in dieser Frage nicht an Clark Gable halten: Das Unterhemd soll nämlich erst einmal den Schweiß aufsaugen und so hässliche Schwitzflecken unter den Armen verhindern. Deshalb rate ich hier wieder zu einem T-Shirt aus reiner Baumwolle.

Mit Unverständnis reagieren manche Männer auf die Empfehlung, ein T- Shirt mit halblangem Arm zu tragen, aber der Grund ist einfach: Ein Unterhemd ohne Arm nimmt keinen Schweiß an. Das T-Shirt kann einen V-Ausschnitt, einen runden Halsausschnitt oder den amerikanischen höheren Halsausschnitt haben. Im modischen Bereich sorgte das Trägerunterhemd in letzter Zeit für Furore. Als Streetwear und zum Abtanzen im Club ist dieses Hemd durchaus angesagt, aber bitte nie unter einem Business-Hemd.

Socken

Wer heutzutage noch mit weißen Socken zur Stoff- oder Anzughose herumläuft, sollte wissen, dass er sich damit mindestes 100 Minuspunkte auf der nach oben offenen Fettnäpfchentabelle einhandeln kann, und zwar sowohl im Business als auch bei Frauen.

Leider gibt es immer noch Herren, die völlig verdattert sind, wenn man sie auf dieses Malheur anspricht. Im Geschäftsleben ist das ein Fehler erster Ordnung. Tatsächlich sollen Geschäftabschlüsse aufgrund der falschen Sockenfarbe nicht zu Stande gekommen sein, und selbst Personalchefs treffen oftmals ihre Entscheidungen in letzter Instanz nach diesem Kriterium.

Wählen Sie weiße Socken nur für den Freizeitbedarf. Für Ihren formellen Auftritt gilt eine einfache Faustregel. Die Farbe der Socken sollte immer die Farbe der Hose haben. Dies ist zwar manchmal etwas schwierig und zeitraubend. Aber mit den richtigen Socken können Sie nie ins Fettnäpfchen treten.

Falsche Socken sind eindeutig solche mit Motiven wie kleine Elefanten und Bärchen, Playboyhäschen, Tennisschläger oder Sportmotive, damit machen Sie sich nur lächerlich. Wenn Sie Muster auswählen, so sollten Sie kleine, dezente, grafische Muster bevorzugen. Am formellsten wirken aber unifarbene dunkle Socken, am besten in Schwarz. Für den informelleren oder Freizeitbereich können Sie Argyle-Socken mit dem bekannten schottischen Rautenmuster (wie von Burlington) verwenden; sie lassen Sie immer gut aussehen.

Ein anderer Fauxpas sind ausgeleierte Gummibänder – die Socken rutschen. Es sieht nicht unbedingt sexy aus, wenn bei übereinander geschlagenen Beinen die männlich behaarten Waden zu sehen sind.

Deshalb sollten Sie sich längere Socken, Wadenstrümpfe mit 38 cm Länge oder Kniestrümpfe mit 50 cm Länge besorgen. Das Material sollte entweder glatt oder einfach gerippt sein.

Sie machen sicher keinen Fehler, wenn Sie gleich zehn Paare in der gleichen Größe, der gleichen Qualität und natürlich in der Farbe Schwarz kaufen.

Apropos Qualität: Darauf sollten Sie natürlich ein Auge werfen. Nehmen Sie Strümpfe aus Schurwolle, Baumwolle oder Seide mit einem Elasthananteil von höchstens 10 Prozent.

Je höher der Synthetikanteil, desto mehr besteht die Gefahr des Transpirierens. Socken mit guter Qualität behalten auch für lange Zeit die Farbe.

Ein Must bei der Abendgarderobe sind Seidenkniestrümpfe ohne Rippen.

Hemden

Das passende Hemd ist scheinbar eine Wissenschaft für sich. Oft sehe ich Männer eingezwängt in zu kurze, enge Hemden, bei denen sich der oberste Kragenknopf nicht mehr schließen lässt. Andere tragen Hemden in XXXL-Größen, bei denen die Ärmel viel zu lang sind, sodass der überschüssige Stoff über die Manschetten quillt. Auch zu kurze Hemdsärmel lassen Männer wie aus ihrem Konfirmationsanzug herausgewachsen wirken. Auf Kriegsfuß stehen einige Herren mit ihren Hemdkragen. Entweder ist der Kragen zu weit und schlottert um den Hals, oder er ist zu eng, und die Männer laufen mit einem hochroten Kopf wie ein Truthahn durch die Gegend.

Ein gutes und korrekt sitzendes Hemd ist ein treuer Begleiter für Sie. Ein qualitativ wertvolles Hemd können Sie, vorausgesetzt Sie verändern sich von Ihrer Figur her nicht zu drastisch, mehrere Jahre lang tragen.

Sie sollten sich in Ihrem Hemd wohl fühlen, es muss ein Stück von Ihnen werden, darf sich nicht wie ein Fremdkörper anfühlen und auch nicht so aussehen.

Hier eine kleine Checkliste, wie Sie das passende Hemd für sich finden können:

Das Material

Reine Baumwolle sollte es unbedingt sein. Als die besten Qualitäten gelten die ägyptische oder die amerikanische Baumwolle.

- Baumwolle ist saugfähig und atmungsaktiv zugleich. Baumwolle hat die Fähigkeit, Feuchtigkeit aufzunehmen und durch die vorhandenen Zwischenräume der Faser schnell wieder zu trocknen.

Die auf den Baumwollfeldern geerntete Baumwolle wird ähnlich wie Heu in Ballen gepresst und in die Spinnerei gebracht. Dort werden zuerst die Faserstoffe gereinigt. Danach wird den Fasern auf maschinellem Weg die gewünschte Feinheit und Drehung gegeben. Je länger die gewonnene Faser, desto anspruchsvoller die Qualität. Die langen Fasern sind 3 bis 3,7 Millimeter lang. Aus ihnen wiederum wird das Baumwollgarn gewonnen. Es wird zwischen kurz- und langstapliger Baumwolle unterschieden.

Auch die Farbe, der Glanz sowie Feinheit, Festigkeit und Weichheit sind Qualitätsmerkmale, nach denen gute Baumwolle ausgesucht wird.

- Pikee ist ein typisches Material für Poloshirts. Durch das feine Obergewebe ergibt sich das typische Waffel- oder Wabenmuster. Es ist besonders saugfähig, luftdurchlässig und pflegeleicht.
- Als Oxford wird eine besondere Webart der Baumwolle mit gröberen, so genannten Kettfäden bezeichnet, deshalb sind Hemden aus Oxfordgewebe strapazierfähiger.
- Popelin ist ein besonders leichtes Baumwollmaterial aus besonders feinen wertvollen Garnen; man nennt die hochwertige Makobaumwolle aus Ägypten auch Schweizer Batist .

Farben

Der absolute Klassiker ist immer noch das weiße Oberhemd. Hiermit sieht man(n) immer gepflegt aus. Selbst wenn Sie nur eine einfache Bluejeans und ein Paar gute schwarze Schuhe tragen, wirken Sie mit einem weißen Oberhemd formell.

In die Männermode ist zur Freude aller endlich ein wenig mehr Farbe gekommen. Beim Businesshemd sind mittlerweile auch Eisfarben wie Rose, Zitronengelb, Mint, Hellblau, Grau, Flieder sowie starke Farben wie Royalblau, Anthrazit, Schwarz, Dunkelbraun bis hin zu Pink und Orange tragbar.

Auch Streifen in Blau, Grau, Schwarz, Rot und Grün sind durchaus erlaubt. Früher galten gestreifte Hemden als «Regattahemden», welche nur im Freizeitbereich getragen wurden. Für den Geschäftsmann war so etwas undenkbar.

Bei gestreiften Hemden unterscheidet man Streifen in verschiedenen Stärken, wie Nadelstreifen, Kreidestreifen, Pencilstreifen und Hairlinestreifen. Als Faustregel gilt – je dünner die Streifen, desto konservativer das Hemd.

Bedenken Sie aber: Wenn Sie es mit amerikanischen oder englischen Geschäftspartnern zu tun haben oder aber sich in einer eher konservativen Branche bewegen, dann sollten Sie sich betont formell kleiden.

Das wäre dann allenfalls ein weißes Hemd, oder im Hellblaubereich mit dezenten Streifen.

Eigenschaften

Ein gutes und qualitativ hochwertiges Herrenhemd sollte folgenden Kriterien standhalten:

- Die Knöpfe sollten über Kreuz genäht aus Perlmutt sein; sie sind besonders edel und sehr strapazierfähig. Für ein Hemd werden sechs bis acht Knöpfe an der vorderen Knopfleiste angebracht, und ein verdeckt angebrachter Reserveknopf sollte ebenfalls vorhanden sein.
- eine einfach genähte Knopfleiste.
- Herausnehmbare Kragenstäbchen gewährleisten einen guten Sitz.
- geteilte Rückenpasse – ein im Schulterbereich extra eingearbeitetes Rückenteil bietet einen höheren Tragekomfort, weil es die Elastizität erhöht.
- exakter Musterverlauf.
- Die Dreiecksverstärkung im Seitensaum mit Kappnähten fördert die hohe Strapazierfähigkeit. Wenn das Ganze mit einer einzigen Naht genäht ist, haben wir das Nonplusultra eines guten Hemdes. Das ist etwas kostspieliger, lohnt sich aber auf jeden Fall, da die Nähte gleichmäßiger werden und keine Fältchen werfen.
- Auf einen Zentimeter Stoff sollten nicht mehr als sechs bis acht Stiche erfolgen.
- Das Rückenteil sollte länger sein. Vorder- und Rückenteil kann man im Schritt

zusammenfassen, aber da zurzeit Hemden auch über der Hose getragen werden können, gibt es sie auch vorne und hinten in gleicher Länge.

- Button-down-Hemden haben einen kleinen Riegel zur Betonung der sportlichen Note.
- Gute Hemden haben einen Knopf in der Mitte des Ärmelschlitzes. Der knöpfbare Ärmelschlitz mit Doppelmanschette garantiert eine variable Weite.
- Am Ansatz der Manschette ist der Stoff in Falten gelegt.
- Die richtige Kragenweite können Sie mit einem Maßband feststellen. Es wird unterhalb des Adamsapfels um den Hals gelegt und sollte noch einen fingerbreiten Spielraum lassen.
- Die Ärmellänge beträgt normalerweise 64 Zentimeter, gemessen wird vom Schulteransatz bis zur äußeren Manschettenkante.
- Die Hemdsärmel sollten bis zum Ansatz des Handrückens reichen und dürfen ungefähr einen Zentimeter unter dem Jackenärmel sichtbar sein. Wer nicht ganz so formell auftreten möchte, kann das Hemd aber auch mit dem Jackenärmel abschließen lassen.
- Alle Hemden mit Tab- und Kentkragen weisen im Rücken eine Falte auf.
- Wenn Sie ein perfekt sitzendes Hemd kaufen oder eines maßschneidern lassen möchten, werden folgende Körpermaße in Zentimetern benötigt:
  - ☐ Halsweite
  - ☐ Rückenbreite
  - ☐ Ärmellänge
  - ☐ Brustumfang
  - ☐ Taillenumfang
  - ☐ Handgelenksumfang
  - ☐ Hemdlänge
  - ☐ Oberarmumfang.

Nun können Sie noch die gewünschten Extras bestimmen wie Kragenform, Manschettenform, Brusttasche oder Monogramm.

Kragenformen

Es gibt eine Vielzahl von Kragenvariationen für ein Herrenhemd.

© Müller Maßhemden-Manufaktur

Kragenform Kent-Windsor

- Der gängigste ist der Kentkragen. Er hat eine mittelweite Spreizung der Kragenschenkel, und man kann deshalb unterschiedlich breite Krawattenknoten dazu tragen.
- Der «turn-down-collar» hat längere und schmalere Kragenschenkel als der Kentkragen und macht den Hals optisch ein wenig schlanker. Er ist der förmlichste und unauffälligste Kragen.
- Der Clubkragen ist nichts anderes als ein Kentkragen mit abgerundeten Kragenschenkeln. Er kann auch mit einer Krawattennadel getragen werden.
- Der Button-down-Kragen, der auf den englischen Polofeldern erstmals verwendet wurde, zählt deshalb zu den sportlichsten Kragenformen. Hier sind die Kragenschenkel mit kleinen Knöpfen am Stoff befestigt.
- Der Tabkragen ist in den USA sehr beliebt. Die Kragenenden werden hierbei mit einem kleinen Riegel miteinander verbunden, legen sich dadurch eng um den Krawattenknoten und werden mit einem kleinen Druckknopf befestigt. Dieses Hemd kann dann allerdings nur mit Krawatte getragen werden.

Bei qualitativ wertvollen maßgeschneiderten Hemden ist es selbstverständlich möglich, durchgewetzte Manschetten und Kragen zu ersetzen. Auch können bei Maßanfertigungen die Kragenformen besonders weich oder extra verstärkt bestellt werden.

Tab-Kragen

Button-Down-Berlin

Krawatten und Fliegen

Vermeiden Sie im Geschäftsleben gehäkelte Krawatten, Lederkrawatten oder von der Tochter oder Ehefrau in stundenlanger, liebevoller Heimarbeit gebatikte oder mit Glimmerpartikelchen gefertigte Seidenkrawatten. Und wenn Sie sich unbedingt lächerlich machen möchten, dann sollten Sie Motive wie kleine Osterhäschen, Oldtimer und Ottifanten nehmen.

Eine Businesskrawatte sollte dezent und formell sein. Mit kleinen grafischen Mustern oder dem klassischen Paisley-Design können Sie überhaupt nichts falsch machen. Nehmen Sie sich den englischen Herrenstil zum Vorbild. Bei den Krawatten finden Sie kleine Embleme und unauffällige Muster im Clubstil. Zurückhaltung und Schlichtheit sollte die Devise für das Geschäftsleben heißen.

Zurzeit sind einfarbige Krawatten oder solche mit leicht changierenden Effekten im Trend. Sie werden oft zusammen mit der gleichen Oberhemdfarbe kombiniert.

Das Binden der Knoten ist für viele eine Strafarbeit. Mit Müh und Not bringen die meisten einen einfachen Four-in-hand-Knoten zustande. Aber ich versichere Ihnen: Es ist wirklich kein Kunststück.

Trotzdem hier noch ein kleiner Tipp: Auf größeren Flughäfen finden Sie häufig Shops der Firma Ties & Racks, einer Ladenkette mit vielen schönen Krawatten und Schleifen. Dort finden Sie ein Buch, das Ihnen zeigt, wie man Krawattenknoten binden kann. Also keine Ausreden mehr, meine Herren; es ist nicht nötig, dass Sie die unaufgeknüpfte Krawatte andauernd über den Kopf ziehen, um das Knoten zu sparen.

In meinen Seminaren kommt auch immer wieder die gleiche Frage: Wie lang soll eine Krawatte sein? Ganz einfach: bis zum Gürtel.

Beachten Sie, dass die Form des Hemdkragens die Größe des Krawattenknotens bestimmt. Gespreiztere Kragen vertragen breitere Krawatten und Windsorknoten. Zu Hemden mit Tabkrägen (Sie erinnern sich an den Riegel) passen etwas kleinere Krawattenknoten.

Eine richtig gebundene Krawatte hat in der Mitte unter dem Knoten eine leichte Vertiefung. In diesem Zusammenhang sei Bundeskanzler Schröder erwähnt, welcher immer eine Vielzahl davon mit perfekt sitzenden Knoten präsentiert.

Achten Sie bitte beim Kauf auf gute Qualität. Eine gute Krawatte, egal, ob sie aus Wolle, Cashmere oder Seide besteht, hat ein Zwischenfutter aus Musselin, das dem Knoten genügend Volumen verleiht. Das heißt, sie hängt Ihnen nicht wie ein Strick um den Hals. Überprüfen Sie also vor dem Kauf, ob Sie das Futter unter dem Stoff fühlen können. Sie können auf der Rückseite an der breiten Seite der Krawatte einen kleinen waagrechten Stich sehen, welcher verhindern soll, dass die Krawatte aufklafft.

Nutzen Sie den Vorteil, Krawatten tragen zu können. Denn sie sorgen für Abwechslung, Farbe und Stil, und Sie können ohne großen Aufwand ein Outfit modisch aufpeppen.

Achten Sie lediglich darauf, dass Sie das richtige Material zu Ihrem Anzug auswählen. Seidenkrawatten sind für das Geschäftsleben vorgesehen, Strickkrawatten ausschließlich für den Freizeitbereich, und Wollkrawatten können auch im Winter zur formellen Kleidung getragen werden. Für mollige Männer gibt es die

Möglichkeit, eine längere Krawatte zu erstehen, damit diese dann den größeren Bauch bis zum Gürtel bedecken kann.

Zum Thema Fliege oder Schleife kann noch gesagt werden, dass sie im Geschäftsleben auf jeden Fall auffällt und den Träger als möglichen Exzentriker klassifiziert. Für den Frack oder das Dinnerjacket ist die handgebundene (!) Fliege ein Muss.

Gürtel und Hosenträger

Grundsätzlich gilt: Zu jeder Stoff- und Anzughose wird ein Gürtel getragen, egal, ob Sie ihn wirklich benötigen oder nicht. Wenn Sie Jeans oder Chinos tragen, dann wird auf jeden Fall ein Gürtel dazu kombiniert.

Sie können generell davon ausgehen, dass an eine Hose mit Gürtelschlaufen ein Gürtel gehört. Achten Sie aber darauf, dass er Ihrem Umfang entspricht. Damit will ich andeuten, dass Sie keinen zu kurzen oder zu langen Gürtel kaufen sollten.

Die Farbe des Gürtels sollte immer der Farbe der Schuhe entsprechen. Die Farbe der Schließe richtet sich nach Ihrem Farbtyp: silberfarbenes Metall zu kalten Farbtypen und goldfarbene Schließen zu warmen Farbtypen.

Vermeiden Sie zu protzige Gürtelschließen wie einen silberbeschlagenen Westerngürtel, und auf keinen Fall sollten Sie Fake-Gürtel bekannter Designer aus dem Urlaub tragen – also entweder ein echter Gucci-Gürtel oder ein unauffälliger.

Daneben sind Hosenträger auf jeden Fall gesellschaftsfähig und im formellen Business erlaubt. Auf jeden Fall sehen passende Hosenträger bei Männern mit Figurenproblemen vorteilhafter aus als ein in einen Gürtel eingezwängter Bauch.

Auch hier gilt wieder: Understatement.

Nehmen Sie unauffällige Lederhosenträger, welche mit grauen, schwarzen Farben kombiniert sind. Qualitätshosenträger sind mit Kunstseide, filzähnlich oder

Lederriemen befestigt. Bevorzugen Sie Träger, die ungefähr vier Zentimeter breite Lederstreifen haben, denn diese sind wesentlich bequemer.

Die Hose sollte vorne am Bund vier und hinten zwei angenähte Knöpfe haben. Geknöpfte Hosenträger sind sicherer und bequemer als solche, welche nur mit Clips an der Hose angebracht sind.

Und noch eine wichtige Regel: Hosenträger sollten sich nach dem Design der Krawatte richten. Und falls Lederriemen an den Hosenträgern angebracht sind, sollten sie die Farbe der Schuhe und des Gürtels widerspiegeln.

Schuhe

Sie wollen wissen, ob jemand wirklich gut angezogen ist? Schauen Sie einfach nach unten…

Sie selbst haben es möglicherweise schon Hunderte von Malen an sich selbst beobachtet. Sie treffen eine Person, geben ihr unserem Kulturkreis entsprechend die Hand, sehen in die Augen und schwupp, gleitet Ihr Blick nach unten.

Und was sehen Sie auf einen Blick? Die Schuhe Ihres Gegenübers.

Sie registrieren augenblicklich, ob die Schuhe gepflegt sind, ungeputzt, abgetretene Absätze haben, ob sie dem Stil der Kleidung, dem Anlass und/oder dem Wetter der Jahreszeit angepasst sind. Innerhalb einer halben Sekunde kann der gute Eindruck des Gegenübers zerstört sein, und glauben Sie mir: ich übertreibe wirklich nicht.

Profis aus der Modebranche beurteilen einen Kunden, der in Freizeitkleidung zum Einkaufen geht, meist nach den Schuhen. Daran können sie Stil, Geschmack, Lebensumstände und das Budget des Kunden erkennen – und mit ein wenig Erfahrung, ob es sich um qualitativ gute Schuhe handelt oder um ein lieblos eingekauftes Ramschprodukt.

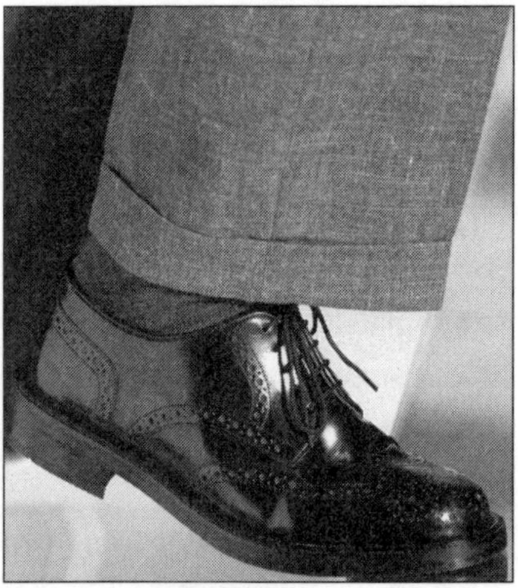

© beide Bilder: Quelle International

Oxford/Budapester Stil

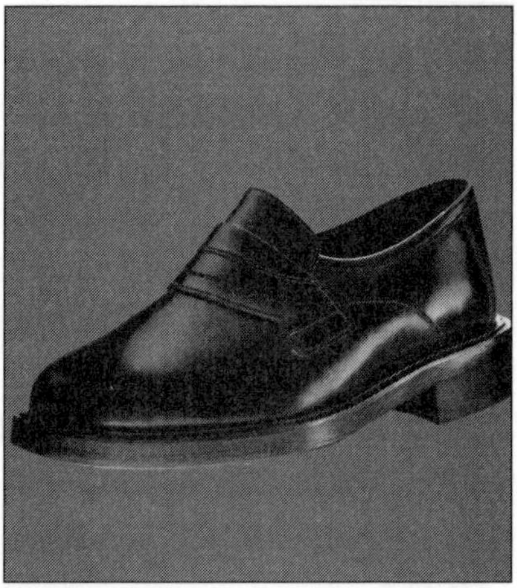

Penny Loafer

Dabei müssen sie viel aushalten und sollten unseren Füßen zuliebe mehr Aufmerksamkeit bekommen.

Qualitätsmerkmale guter Schuhe sind wieder eine Wissenschaft für sich. Achten Sie auf folgende Merkmale:

- Die Verarbeitung sollte mit rundum glatten, gleichmäßig dichten Nähten erfolgt sein.
- Die Absätze sollten mit mehreren Lederschichten zusammengesetzt sein.
- Die flache Einlegesohle sollte eine sichtbare Wölbung aufweisen.
- Das verarbeitete Leder sollte aus Boxcalf, brushed Calf oder Pferdeleder sein.
- Formelle Schuhe sollten mit einer Ledersohle ausgestattet und nur mit pflanzlichen Gerbstoffen behandelt sein. Die Brandsohle, jener Teil, auf dem später der Fuß aufliegt, sollte mit einer Korkeinballung unterlegt sein, damit sie sich besser den anatomischen Gegebenheiten des Fußes anpasst. Die Laufsohle sollte mit einer Doppelnaht fixiert sein. Ein Qualitätsmerkmal ist, dass der Schuh seine ursprüngliche Form wieder annimmt, nachdem Sie ihn gebogen haben.

Unabhängig davon ist mein Tipp ebenso einfach wie nachhaltig: Halten Sie sich an Qualitätsschuhe von Markenherstellern. Suchen Sie sich einen oder zwei Hersteller heraus, die für Ihre Größe und Fußform bequeme und passende Schuhe herstellen, und Sie werden immer das Richtige finden.

Was sollte man als Geschäftsmann noch beachten? Kaufen Sie sich am besten als Basisausstattung drei bis vier Paar gute rahmengenähte Schuhe. Mit der Farbe Schwarz können Sie niemals einen Fehler machen. Sie können aber auch ein Paar in Bordeauxrot oder, wie in Italien gerne kombiniert, in Sandelholzbraun auswählen.

- Sie sollten sich für das formelle Auftreten ein Paar Halbschuhe, wie zum Beispiel einen Oxford mit geschlossener Schnürung, zulegen: Bei diesem Schuh werden am Spann zusammentreffende Seitenleder miteinander verschnürt. Dieser Schuh kann ganz glatt, aber auch mit einer Verzierung der Zehenkappe oder mit gestanzten Löchern verziert sein und ist besser bekannt unter dem Namen «Budapester».
- Eine weitere angemessene Schuhform ist der Derby mit der Flügelschnürung, bei dem die Flügelkappen auf dem Rist angesetzt und miteinander vernäht werden. Dieses Modell wird mit Lochmusterverzierung und abweichenden Verläufen der Ziernähte geliefert.
- Der Penny-Loafer ist der sportliche College-Schuh mit dem Schlitz im Lederriegel über dem Rist. Er passt ideal zu vielen informellen Anlässen. Eine weitere Variante des Businessschuhs ist der Monk, der entweder eine gold- oder silberfarbene Metallschließe über dem Rist hat. Diesen Schuh kann man zu allen halboffizellen Anlässen im Geschäftsleben tragen.

Dann gibt es außerdem Schuhe, die Sie im Geschäftleben vermeiden sollten. Ich behandle sie hier nur kursorisch: Norweger, Boots, Turnschuhe und Mokassins sollte man im Sport und Freizeitbereich bevorzugen.

Leider setzen viele Menschen andere Prioritäten und bevorzugen ein schickes Auto, eine auffällige Uhr oder andere Accessoires und vernachlässigen ihren Schuhstil.

Beliebte Fauxpas sind auch: Der Kauf von zu kleinen Schuhen, bei denen sich dann die Zehen durch das Leder abzeichnen; kleine zierliche Schuhe an schweren und großen Männern, was dazu führt, dass die Schuhe an den Seiten völlig ausgelatscht sind; Businessschuhe mit Gummisohlen oder (noch schlimmer) mit Kunststoffsohlen; braune Schuhe oder sportliche Boots oder Mokassins, bei denen die Strümpfe herausquellen (Mokassins sollten im Freitzeitbereich ohne Strümpfe getragen werden), und schließlich: Velourslederschuhe, Sandalen, Adiletten, Boots, Biker, Cowboystiefel gehören eindeutig in den Freizeitbereich, es sei denn, Sie arbeiten in einer Sauna, als Trainer für Westernpferde oder sind Mitglied der Hells Angels.

Ach, noch etwas: Es ist oft erschütternd zu sehen, wie lieblos die Schuhe ausgezogen und dann nicht einmal ein Schuhspanner in sie gesteckt wird. Dieses am besten aus Buchenholz hergestellte Gerät ist in der Lage, die Restfeuchte zu absorbieren und den Schuh in Form zu halten. Wenn Sie das nämlich nicht machen, haben Sie sichtbare Falten im Leder, welche nicht mehr zu glätten sind. Eine weit verbreitete Unsitte ist es auch, in Schuhe ohne Schuhlöffel zu schlüpfen und dabei das Leder zu ruinieren.

Jacketts

«Ein Jackett sollte so bequem sein wie eine alte Strickjacke. Man sollte sich darin wohl fühlen können. Sie können ein Jackett vergessen und drei Jahre im Schrank hängen lassen – wenn es gut gemacht und qualitativ hochwertig ist, können Sie es noch das ganze Leben tragen.» Kein Geringerer als der Mailänder Designer Giorgio Armani soll dieses Statement zum Thema Jackett und Blazer gegeben haben. Und recht hat er, denn wer ein unbequemes Jackett trägt oder eine Kostümjacke, die nicht so recht passt, fühlt sich eingezwängt und letztlich nicht wohl in seiner Haut.

Und Kleidung ist ja unsere zweite Haut. Ich denke oft an die Bräutigame, die ich zu sehen bekomme. Stocksteif stehen sie in ihren Anzügen und Jacketts da und sehen aus wie Pinguine. Man hat sie für den Tag – eben jenen Tag, an dem ihnen sowieso schon mulmig zumute ist – in eine Verkleidung gesteckt. Die wenigsten ziehen im Geschäftsleben gerne einen Anzug oder Blazer an, und nun schon wieder diese Zwänge.

Oftmals passen die Jacken überhaupt nicht; entweder sind die Ärmel zu kurz oder sie sind zu lang. Die Oberarme spannen am Rücken und werfen sich in Falten. Deshalb ist es beim Kauf eines Jacketts sehr wichtig, folgende Kriterien zu beachten:

- In qualitativ wertvollen Anzügen und Jacketts ist ein so genanntes Schneiderleinen zwischen Futter und Oberstoff eingefügt, damit das Jackett eine gleichmäßige Kontur erhält.
  Das Problem bei den meisten Konfektionsanzügen besteht darin, dass die Formgebung durch eine Fixiereinlage im Stoff erreicht wird und diese dann unter Umständen bei der chemischen Reinigung Falten verursachen kann. Deshalb ist das Vlies bei qualitativ guter Ware sorgfältig eingesetzt, heiß aufgebügelt worden und kann somit problemlos auch unzählige chemische Reinigungen überstehen.
- Ärmel, die leicht nach vorne hängen sollten, werden faltenlos eingesetzt.
- Ein gutes Jackett ist immer mit dem so genannten Bemnberg-Reyon gefüttert, das sich wie Seide anfühlt.
- Das Muster sollte immer korrekt abschließen.
- Taschen sollten aus Baumwollfutter sein.
- Die Unterseite und die Außenseite des Kragens sollten von Hand genäht sein. Die Stiche sollten am Unterkragen sowie im Nacken und am inneren Ärmelansatz sichtbar sein. Auch hier gilt wie beim Oberhemd: je mehr Stiche pro Zentimeter, desto strapazierfähiger und wertvoller die Qualität. Diese hohen Ansprüche an Verarbeitung und Qualität finden sich bei hochwertigen Designern wie zum Beispiel Brioni, um nur einen von vielen zu nennen, und natürlich bei allen Maßanfertigungen.

- Das Revers des Jacketts sollte immer glatt und faltenlos anliegen, außerdem sollte es nicht breiter als die Hälfte der Brustpartie sein.
- Knopflöcher sollten handgenäht sein, außen sollten sie glatt sein, innen rauh.
- Knöpfe sollten aus echtem Horn und aufknöpfbar sein.
- Die Schultern sollten nur leicht gepolstert sein, die Schultern sollten eine durchgängige Linie bilden.
- Businessjacketts und Anzugjacken sollten in Basisfarben wie Hellgrau, Anthrazit, Schwarz, Schwarzblau, Marine, Mittelblau und Dunkelblau gehalten werden. Als Muster kommen Nadelstreifen (Pinstripes), Fischgrät (Chevron) und Glencheck in Frage. Für Haltbarkeit, Strapazierfähigkeit und gutes Styling ist natürlich das richtige Material von großer Bedeutung.

Stoffe

Um den größtmöglichen Tragkomfort zu erzielen, sollten Sie nach Materialien in reiner Schurwolle Ausschau halten. Doch nicht alles, was als reine Schurwolle bezeichnet wird, ist empfehlenswert.

- Bevorzugen Sie reine Schurwolle der S 100er Qualität. Was sich dahinter verbirgt? Es gibt nach dem englischen Maßsystem der Feinheit und Reißfestigkeit von Geweben eine Klassifizierung. Dabei handelt es sich bei der (S)uper 100er Qualität um die Schurwolle des australischen Merinoschafes. Hierbei werden längere und feinere Wollfäden verarbeitet, denn sie sind wesentlich leichter, knitterunempfindlicher und klimaausgleichender als andere Wollarten. Bekleidung aus diesem Material kann als Ganzjahresoutfit getragen werden. Eine noch höhere Qualität hat die S 120er Qualität, welche sich federleicht trägt.
- Besonders kräftige, hochgezwirnte reine Schurwolle ist mit dem Qualitätsbegriff High Performance bezeichnet. Dieses Material eignet sich sehr gut für Anzüge und Jacketts, die von Frühjahr bis Herbst gut getragen werden können.
- Flanell ist der Stoffklassiker schlechthin. Da es sich durch geschmeidiges und wärmendes Gewebe auszeichnet, werden diese Stoffe gerne für Anzüge, aber auch für Sakkos und Mäntel eingesetzt. Flanell wird ebenfalls in 100er-Qua-

lität hergestellt. Sein charakteristisches Aussehen wird durch die Verarbeitung von reiner, nasser Merinowolle erzielt.

- Mohair, dieses feine Haar der Angoraziege, wird mit reiner Merinowolle kombiniert und ergibt einen Stoff mit changierendem Glanz.
- Das Highlight unter den Materialien ist natürlich Kaschmir. Dieses zarte und wärmende Gewebe wird aus Haaren gewonnen, die aus dem Fell der asiatischen Kaschmirziege herausgekämmt wurden. Welch ein Aufwand …

Beim Schnitt von Anzugjacken und Sakkos sollten einige Unterschiede beachtet werden, und hier erst einmal grundsätzlich der zwischen Einreihern und Zweireihern.

- Einreiher sind häufig mit nur einem Knopf bestückt, aber es gibt sie auch mit bis zu vier Knöpfen im italienischen Stil. Der Klassiker unter den Einreihern ist der mit zwei Knöpfen. Er ist leicht tailliert geschnitten und wird bevorzugt von Herren getragen, welche nicht gertenschlank sind. Dabei bleibt der unterste Knopf stets geöffnet.
  Sollten Sie eine Weste bevorzugen, so sollte diese Ton in Ton gehalten und nur zum einreihigen Sakko getragen werden; hier bleibt ebenfalls der unterste Knopf offen. Die Weste sollte den Hosenbund bedecken.
- Bei den zweireihigen Jacketts sollten Sie jenes mit den zwei Schließknöpfen und einem oberen blinden Knopfpaar bevorzugen. Sie wirken am vorteilhaftesten bei etwas größeren Männern. Zweireiher sollten immer geschlossen getragen werden, lediglich der untere Knopf bleibt geöffnet.

Hosen

Nichts ist peinlicher als eine schlechtsitzende Hose. Darunter versteht man Hosen, die entweder zu kurz sind oder so lang, dass auf den Saum getreten wird. So etwas passiert häufig Männern, die an Umfang und Gewicht stetig zunehmen und bei denen schließlich der Bauch nicht mehr in die Hose passt. In diesem Fall wird er einfach unter den Gürtel der Hose gedrückt, und dadurch verlängern sich die Hosenbeine unschön.

Immer wieder stelle ich fest, dass Männer die falsche Hosenform wählen. Entweder ist die Hose insgesamt zu weit in Bundfaltenform geschnitten, oder sie ist an den Beinen zu weit, sodass besonders kleine Männer völlig in ihren Hosen verschwinden und noch kleiner und gedrückter wirken.

Wie bei den anderen Kleidungsstücken ist die gute Qualität von enormer Bedeutung. Sparen Sie hier nicht am falschen Ort. Wenn Sie oft stundenlang im Auto oder in Konferenzen sitzen, darf die Hose weder verknittert noch an exponierten Stellen ausgebeult sein.

- Deshalb gilt hier das gleiche Qualitätskriterium wie bei den Sakkos und Anzugstoffen. Es empfiehlt sich die 100er Merinowolle, da sie bei Hitze Feuchtigkeit absorbiert und bei Kälte isoliert. Diese feinen Wollstoffe haben zudem die Fähigkeit, sich wieder zusammenzuziehen, wenn sie gedehnt wurden. Deshalb beulen sie sich nicht aus, sind pflegeleicht und angenehm auf der Haut und können sowohl im Sommer wie im Winter getragen werden.
- Hosen für den Businessstil sollten in gedeckten Farben wie Grau, Anthrazit, Schwarz und Dunkelblau gehalten werden.
- Die Materialien sollten aus Pure Wool oder Flanell sein. Wer beruflich etwas legerer auftreten darf, kann zum Jackett auch Chinos, hellbeige Baumwollhosen, kombinieren. Diese Ware gibt es in leichten Baumwollqualitäten für den Sommer oder auch als Winterbaumwolle. Eine gepflegte und exakt passende Jeans in Kombination zum Jackett mit Hemd und Krawatte ist bei weniger formellen Anlässen ebenfalls angebracht.

Bei unseren New-Image-Beratungen haben wir es sehr oft mit Architekten und Bauingenieuren zu tun, die einerseits formell gekleidet sein sollen, aber andererseits oft schon in der nächsten Stunde in einer Fertigungshalle zwischen Maschinen herumlaufen oder schlammige Baustellen besuchen müssen. Hier bietet sich förmlich eine Baumwollhose in Schwarz, Grau, Bordeaux, Tannengrün oder Dunkelbraun an. Dazu passen ein Hemd mit entsprechender Krawatte, ein formelles Jackett und eventuell ein Trenchcoat oder eine Lederjacke.

Stoffe wie Cord und Tweed sollten dem Freizeitbereich vorbehalten sein.

Kombinationen

© Quelle International

Je nach Anlass und Geschäftstermin können Sie nun aus Ihrer Basisgarderobe die passenden Stücke für sich auswählen. Haben Sie einen streng formellen Termin, dann ist es keine Frage, dass Sie mit Anzug und Krawatte auftreten. Ist der Anlass weniger formell, können Sie eine dunkle Stoffhose zusammen mit einem Sakko, einem Hemd und einer Krawatte auswählen. Wenn die Umstände eine sportlichere Variante zulassen, können Sie gepflegte Bluejeans mit schwarzen Strümpfen, Loafern oder Collegeschuhen sowie Hemd und Blazer oder Lederjacke zusammen kombinieren.

Auch die Variante Chinos (helle Baumwollhosen), zusammen mit schwarzen Strümpfen, schwarzen Businessschuhen (Derby oder Oxford) sowie Hemd, Krawatte und Blazer lassen Sie gut aussehen.

Mäntel

Ein weiteres wichtiges Grundelement der Herrengarderobe ist ein Mantel. Nichts wirkt unprofessioneller, als wenn man(n) bei Wind, Regen, Hagel oder Schneesturm nur mit einem Anzug zum Termin erscheint.

Je nach Typ und Körpergröße gibt es einige Standards unter den Herrenmänteln.

- Dazu gehört der Trenchcoat aus Gabardine (oben rechts). «Casablanca» und Humphrey Bogart haben ihn gesellschaftsfähig gemacht. Einst war er während des Ersten Weltkriegs als Militärmantel von der Firma Burberry für englische Armeeoffiziere konzipiert; aber heute ist er aus unserer Mode nicht mehr wegzudenken.

  Typische Kennzeichen: ein wollgefütterter Kragen, geknöpfte Schulterklappen, herausnehmbares Wollfutter – deshalb im Sommer wie im Winter tragbar – als Regenschutz eine separate Schulterpasse, ein über die Brust geknöpftes Revers, ein Stoffgürtel sowie (um den Wind abzuhalten) ein Riegel an der Manschette. Der klassische Trench ist in Beigetönen und Khakifarben erhältlich, aber auch in Schwarz, Marine und Grau. Durch sein pflegeleichtes und strapazierfähiges Material können Sie ihn bequem im Auto deponieren und von Fall zu Fall einsetzen.

- Ein weiterer Klassiker ist der Chesterfield (Seite 126 oben links). Er ist entweder als Einreiher oder Zweireiher zu haben und sollte die Knie bedecken, um so mit dem sich darunter befindlichen Anzug korrekt abzuschließen.
- Ein Allzweckmantel ist der Dufflecoat, welcher mittlerweile auch in modischen Farben erhältlich ist.
- Wer sich nicht unbedingt mit einem Mantel anfreunden kann, kann eine hüftlange Jacke in Baumwolle oder Microfaser auswählen.

Die Zukunft des Business-Looks

Derzeit ist allgemein die Verunsicherung über die Lockerung der Kleiderordnung und über den Begriff des Casual Friday groß.

Casual Friday: Darunter wird eine kleine Lockerung der formellen Kleidervorschriften an Freitagen verstanden. Nachdem der Freitag das Ende einer Arbeitswoche geworden war und dementsprechend viele Arbeitnehmer früher Schluß machen konnten, erlaubten manche Firmen, besonders in den USA, eine Lockerung der formellen Dresscodes.

Es wurde empfohlen, mit einer freizeitlich orientierten Bekleidung ins Büro zu kommen – auf Anzug und Krawatte durfte verzichtet werden. Aber was, zum Himmel, kann man unter den Begriffen Business-Casual, Dress-Down und Smart-Casual verstehen und überhaupt, wie soll man sie umsetzen?

Bevor die allgemeine Verunsicherung zu groß wurde, ist der Casual Friday bei vielen Unternehmen weitgehend rückgängig gemacht worden.

Trotzdem zeichnet sich durch neue Arbeitskonzepte wie anspruchsvolle Heimarbeit und andere Modelle ein anderer Dresscode ab. Er wird als Casual-Career-Mode bezeichnet. Damit ist nichts anderes gemeint, als dass die Kleidung die Individualität stärker spiegelt. Man ist weder over- noch underdressed; der Träger präsentiert sich selbst positiv, ohne negativ aufzufallen.

Deshalb können wir uns schon darauf freuen, wenn die Hersteller von lässiger Freizeitmode, aber auch jene der klassisch-konservativen Traditionsmarken, umdenken und uns neue, bequeme und schicke Businesslinien präsentieren.

7.3.4 Was braucht eine Frau für das Geschäftsleben?

Die legendäre Coco Chanel, Begründerin der Weltmarke Chanel, soll gesagt haben: «Man sollte nicht die ganze Zeit mit Anziehen verbringen. Man braucht nur zwei Kostüme, wenn sie und das, was man dazu trägt, perfekt sind.»

Diese Meinung kann ich nach fast 25-jähriger Berufstätigkeit nur unterstützen, denn frau braucht weniger als sie denkt. Wenn nach den Kriterien Farbe, Stil, Figur und Zweck eingekauft wird, benötigen Sie nur wenige Basics und sind immer passend gekleidet.

Hier, meine Damen, finden Sie nun einen Überblick über die wichtigsten Basiselemente, damit Sie im Geschäftsleben immer eine gute Figur machen.

Unterwäsche

Wie bereits ausführlich beschrieben, sollte eine perfekt sitzende und qualitativ hochwertige Unterwäsche die Grundlage einer Bekleidung darstellen.

Gerade bei Frauen ist es von großer Wichtigkeit, dass sie perfekt sitzt. Da fast jede Frau kleine Figurprobleme hat (oder glaubt, sie zu haben), kann mit der passenden Unterwäsche durchaus etwas «gemogelt» werden.

Unterwäsche sollte, das versteht sich fast von selbst, keinesfalls ausgeleiert und vergilbt sein. Um die Figur zu modellieren, gibt es Miederhöschen, bei denen im Bauchbereich Verstärkungen eingearbeitet sind, durch die der Bauch optisch flacher erscheint. Wer eine größere Oberweite besitzt, sollte BHs mit einem Verstärkungsbügel unterhalb der Brust bevorzugen, da dieser das Gewebe anhebt und formt. Damen mit Cup A können getrost auf kleine Hilfen wie Wonderbra & Co. zurückgreifen.

Wenn möglich, sollte die Unterwäsche immer farblich abgestimmt sein. Schwarze BHs unter weißen Oberteilen sind im Geschäftsleben indiskutabel. Und der Verzicht auf BHs sollte für den Freizeitbereich vorbehalten sein. Bei den Materialien sollte auf gute Qualität geachtet werden, da Unterwäsche ja häufig gewaschen wird und deshalb strapazierfähig sein sollte. Hier empfiehlt es sich, auf Makobaumwolle oder Mischgewebe mit Mikrofasern wie Lycra oder Tactel zurückzugreifen.

Strümpfe

Bekanntlich ziehen viele Frauen nur ungern Strümpfe und Strumpfhosen an, weil sie sich in ihrer Bewegungsfreiheit eingeschränkt fühlen. In der Tat – dann müssen Sie sich nämlich formeller bewegen, und vor allem muss alles korrekt sitzen.

Aber trotzdem gilt: Im Geschäftsleben müssen zu einem Kleid, Rock oder Kostüm Strümpfe getragen werden – auch im Hochsommer! Höchst unangenehm ist es, wenn die Beine nicht rasiert sind und der Wildwuchs durch die Strumpfhose scheint (Männer finden das im Geschäftsleben keinesfalls sexy – höchstens ungepflegt).

Die andere Fettnäpfchen-Möglichkeit ist (wie Sie vielleicht schon selbst an anderen Frauen beobachtet haben), Strümpfe oder Strumpfhosen mit gezogenen Fäden zu tragen. Oder, um es auf die Spitze zu treiben, Feinstrumpfhosen zu reparieren oder reparieren zu lassen. Das machen alte Bäuerinnen mit ihren teuren und dicken Stützstrümpfen, aber nicht die Frau von Welt. So einen Fall habe ich jüngst selbst im Wartezimmer eines Zahnarztes erlebt.

Damit Strumpfhosen keine Fäden ziehen, sollten Sie etwas dickere Materialien bevorzugen. Blickdichte Strümpfe sind vorteilhafter, weil sie unschöne Äderchen, Besenreiser und Pigmentflecken verstecken. Außerdem sind Strümpfe aus 30 den wirklich sehr haltbar. Sie können sie beliebig oft sogar in der Waschmaschine waschen. Ich empfehle Strumpfhosen von Fogal, Woolford oder Palmers. So eine Strumpfhose kostet nur wenig mehr als die im Supermarkt, sieht aber immer perfekt aus, und Sie können sich sicher fühlen.

Im Geschäftsleben sollten die Strümpfe immer hautfarben sein. Sie können sie je nach Ihrer eigenen Hautfarbe in vielen unterschiedlichen Nuancen wählen. Wenn Sie ein graues oder blaues Kostüm tragen, dann können Sie dazu eine dezente graue oder silberfarbene Strumpfhose kombinieren. Schwarze Strumpfhosen sollten Sie für formelle Anlässe am Abend mit dem kleinen Schwarzen aufheben.

Im Freizeitbereich können Sie allerdings in wundervollen Farben und Musterkombinationen schwelgen und wesentlich experimentierfreudiger sein.

Mein Tipp: Nehmen Sie bei wichtigen Anlässen immer ein Ersatzpaar Strümpfe in der Handtasche mit.

Bluse

Ähnlich wie das weiße Oberhemd bei Herren ist die weiße Bluse bei den Damen das Business-Outfit schlechthin. Auch hier ist wieder darauf zu achten, dass sie nicht knittert, und wenn möglich, sollten Sie eine gute Baumwollqualität bevorzugen. Achten Sie darauf, dass sie den passenden Schnitt für Ihre Oberweite hat. Nichts ist unpassender als eine Bluse, die entweder zu weit und schlabberig wirkt oder insgesamt zu lang geschnitten ist – dann haben Sie nämlich Probleme, sie in den Rock oder in die Hose zu stecken.

Achten Sie beim Kauf darauf, dass die Ärmel nicht zu lang sind und der Knopf nicht über dem Busen spannt. Da jeder Hersteller anders arbeitet, sollten Sie versuchen, durch Ausprobieren den Ihnen gemäßen Hersteller herauszufinden.

Im Geschäftsleben können Sie natürlich ebenfalls gestreifte Blusen oder farbige Blusen tragen. Achten Sie allerdings darauf, dass Sie keine glitzernden und schimmernden Farben und Materialien tragen, diese sollten für den Abendbereich und Ihre Freizeit vorbehalten sein.

Pullover

Ein dünn gestrickter Pullover aus Baumwolle, Seide, Kaschmir oder Mischgewebe kann im Beruf durchaus zu Rock oder Kostüm oder auch zum Hosenanzug getragen werden. Allerdings sollten Sie einen schlichten Schnitt mit Rundhalsausschnitt bevorzugen. Rollkragen sehen schon wieder etwas sportlicher aus und gehören nicht unbedingt ins formelle Business. Zu Rock und Hose kann auch ein Twinset getragen werden. Das Twinset ist das Ergebnis von Coco Chanels Bemühungen, der Frauenmode lässige Eleganz zu verleihen. Dieses Ensemble aus Pullover und passender farbiger Jacke ist der Inbegriff guten Stils. Zu Twinsets passt sehr gut eine schlichte Perlenkette. Auch die sportliche Variante, Twin-

Twinset

sets mit Jeans kombiniert, ist tragbar. Bei einem Pullover sollten Sie Mustermixe und Applikationen vermeiden. Wählen Sie unifarbene Pullover ohne Schnickschnack. Denn einen Pulli kann man sehr gut mit einer schlichten Perlenkette oder einem Tuch aufwerten.

Kostüm

Wenn Sie nach einem Grundelement Ihrer Kleidung suchen, dann sollte es unbedingt ein Kostüm sein. Ich empfehle Dunkelblau, Grau oder Schwarz, denn damit können Sie nie etwas falsch machen. Achten Sie auf Ihre Proportionen, um den Schnitt des Kostüms richtig auszuwählen.

Business Kostüm

Wenn Sie groß und schlank sind, dann können die Taschen aufgesetzt und die Jacke etwas länger sein. Wenn Sie klein und zierlich sind, dann sollten Sie auch eine kurze Kostümjacke tragen.

Rock

Der Rock sollte die klassische Standardform haben und eine Handbreit über dem Knie enden. Achten Sie darauf, dass er immer gefüttert ist, da er sonst unangenehm an der Strumpfhose kleben bleibt und Falten wirft.

Jacke

Für den Oberkörper ist ein leicht tailliertes, einreihiges Sakko mit zwei Knöpfen angemessen. Als Variation ist das Sakko mit drei und vier Knöpfen möglich, das Sie etwas schlanker wirken lässt.

Die Jacke wird stets geschlossen getragen; nur der untere Knopf bleibt geöffnet. Achten Sie bitte unbedingt darauf, dass keiner der Knöpfe spannt oder aufspringt.

Eine weitere Variante, die aber bevorzugt zur Hose kombiniert wird, ist die zweireihige Jacke, die aber bitte nur von großen und schlanken Damen getragen werden sollte. Hier wird zwischen dem klassischen Zweireiher mit zwei Schließknöpfen und einem blinden Paar Knöpfe und dem Sechs-Knopf-Zweireiher mit einem blinden Paar, wobei wieder der untere Knopf geöffnet bleibt, unterschieden.

Hose

Die Hose sollte wirklich passend und komfortabel sein. Bei schlanken Hüften sollten Sie eine gerade geschnittene, anliegende Form bevorzugen. Bei etwas breiteren Hüften oder mehr Umfang sollte eine Bundfaltenhose, welche weiter geschnitten ist, ausgewählt werden.

Wer nicht besonders groß ist, sollte auf den Umschlag am Saum der Hose verzichten, denn das drückt auf die Proportionen und macht unnötig kleiner.

Westen

Auch Damen können Westen zum Kostüm oder zum einreihigen Hosenanzug tragen. Westen sollten eng anliegend sein, ohne aber einzuzwängen. Außerdem sollten Sie darauf achten, dass Sie auch noch eine Bluse darunter tragen können. Es gibt Westen in zwei verschiedenen Varianten, entweder mit einem spitzen oder mit einem runden Abstich, der bis zum Rock- oder Hosenbund reichen sollte. Eine Weste kann durch einen standardmäßigen Riegel am Rücken in der Taille reguliert werden. Sie sollte übrigens immer den Bund der Hose oder des Rockes bedecken, und dabei bleibt ebenfalls der unterste Knopf offen.

Noch ein Wort zur Qualität: Setzen Sie auch hier oberste Prioritäten. Weniger ist mehr. Kaufen Sie lieber wenige Stücke, die aber in ausgezeichneter Qualität. Bevorzugen Sie Garne aus Merinowolle in 100er Qualität. Sie können auch Mischgewebe mit Kaschmir oder Seide oder auch mit Mikrofaser nehmen. Microfaser hat einen Stretcheffekt, der gerade bei Frauen die Passform gut unterstützt.

Mäntel / Jacken

Als Geschäftsfrau benötigen Sie einen Mantel oder eine Jacke, denn Sie können schlecht zu einem Termin nur im Kostüm oder Hosenanzug erscheinen, es sei denn, es ist Hochsommer oder Sie haben gerade einen Termin in den Tropen.

Für die Übergangsmonate empfiehlt sich ein leichter Trenchcoat oder eine 3/8-Jacke oder ein Swinger aus Popelin, Baumwolle, Microfaser oder Mischungen aus diesen Geweben. Diese Mäntel und Jacken sind sehr leicht und nehmen nicht viel Platz weg. Sie knittern kaum und sind überaus pflegeleicht. Wählen Sie entweder Cremefarben, Grautöne, Dunkelblau oder Schwarz, denn das passt immer gut zu einem Geschäftsoutfit. Verzichten Sie daher auf Modefarben wie Kiwi, Melone, Pistazie oder Vanille.

Eine schicke, edle Lederjacke kann ebenfalls gut zu einem formellen Outfit kombiniert werden. Im Herbst/Winter können Sie dann entweder einen klassisch geschnittenen Blazermantel, der meist zweireihig geknöpft ist, in den Farben Dunkelblau, Grau, Creme, Karamel oder Schwarz tragen. Doch auch hier sollten Sie bitte beachten: Wenn Sie eher klein und etwas mollig sind, wirkt solch ein Mantel ungünstig. Eine andere Mantelform ist die etwas weiter und lässiger geschnittene Variante mit Bindegürtel. Sie können ebenfalls für die kalte Jahreszeit einen innen gefütterten Ledermantel oder einen Fake-Fur, einen Webpelzmantel, tragen.

Schuhe

Für das Geschäftsleben gibt es eine wichtige Faustregel: Schuhe sollten immer passend zur Tasche getragen werden. Das ist manchmal allerdings ein wenig kompliziert. Die meisten Damen sind bekanntermaßen Schuhfreaks und haben nicht selten mehr als 20 Paar Schuhe. Und nun dazu noch die passende Handtasche ... Viele von Ihnen können bestimmt ein Lied davon singen, wie oft man wichtige Utensilien wie Schlüssel, Puder, Adressbuch oder Handy in der Tasche von gestern gelassen und beim Umpacken in die heutige Tasche vergessen hat.

Deshalb mein Tipp zu diesem Thema: Tragen Sie im Beruf vorzugsweise schwarze Schuhe; sie passen zu fast allem. Das gleiche Argument gilt für die Tasche. Nehmen Sie deshalb eine zeitlose, schwarze Tasche ohne goldene oder silberne Accessoires und Schließen.

Businessschuhe haben keine High Heels, damit wirken zwar Ihre Beine unwiderstehlich lang und schlank, aber sie wirken zu sexy, und möglicherweise haben Sie dann Mühe, Ihre Kompetenz ins rechte Licht zu rücken. Die Grundlage für das Geschäftsleben sind Pumps, schlicht und einfach, schwarz und mit höchstens sieben bis acht Zentimeter hohen Absätzen. Sie sollen sich damit komfortabel fortbewegen können und nicht wie eine Geisha trippeln.

Achten Sie auf eine gute Qualität der Schuhe, welche selbstverständlich eine Ledersohle haben sollten.

Pflegen Sie Ihre Schuhe, treten Sie nie mit ungeputzen Schuhen auf und achten Sie darauf, dass die Absätze nicht schief ausgetreten und, durch das Autofahren bedingt, am Absatz bereits abgestoßen sind.

Zu formellen Auftritten tragen Sie bitte keine Riemensandaletten oder zehenfreie Schuhe.

Wenn Sie lieber flache Schuhe tragen, sollten Sie bedenken, dass dieser Stil die Kleidung insgesamt informeller wirken lässt, ohne jedoch die Förmlichkeit zu verlassen. Flache Schuhe, wie Collegeschuhe oder Tod's, können sehr gut zu Hosen oder Röcken getragen werden.

Kombinationen

Wer im Geschäftsleben nicht immer von Kopf bis Fuß formell auftreten muss, kann passende Kombinationen auswählen, zum Beispiel Bluejeans mit weißer Bluse und Blazer sowie Collegeschuhen.

Oder eine schwarze, gerade geschnittene Hose mit Twinset, Perlenkette, dunklen Strümpfen, Pumps und Mantel.

Oder Rock mit Bluse und Tuch, Pumps und Lederjacke.

Stellen Sie sich einfach je nach Anlass die passenden Basics zusammen. Achten Sie auf die passenden Gewebearten. So sollten Sie in der kalten Jahreszeit Wollstoffe nicht mit Leinen kombinieren. Berücksichtigen Sie bitte auch Ihren individuellen Farbtyp. Packen Sie sich eventuell ins Auto Kleidung zum Ergänzen oder Kombinieren ein. Es kann Ihnen passieren, dass Sie am Morgen einen informellen Termin haben, aber schon mittags zu einem Businesslunch müssen.

7.4 Haare

Wenn Sie eine farbliche Veränderung Ihrer Haare wünschen, sollten Sie sich auch hier wieder an die Farblehre (Seite 84 ff.) halten. Auch hier gilt:

- warme Farben – alle Gold- und warmen Rottöne
- kalte Farben – alle Aschtöne, von Platinblond bis Blauschwarz.

Bestehen Sie bitte bei Ihrem Friseurbesuch darauf, dass Sie wirklich (und ich meine wirklich!) die richtige Nuance Ihrem Farbtyp entsprechend aufgetragen bekommen. Manchmal ist es ein richtiger Kampf, dem Friseur zu vermitteln, dass man auf einer bestimmten Haarfarbe besteht. Lassen Sie sich nicht beeinflussen, wenn er Ihnen möglicherweise empfiehlt, Sie sähen (als kalter Farbtyp) mit einer warmen Haarfarbe in Mahagoni oder Kastanienrot wärmer und weicher aus. Stimmt nicht, Sie sehen älter und langweiliger aus. Das Argument, dieser warme Rotton sei in dieser Saison gerade modern, sollte Sie nicht beeindrucken. Wenn der Friseur von dieser Farbe so begeistert ist, kann er sich seine Haare ja selbst so färben.

Bitte gehen Sie keine Kompromisse ein: Falsche Haarfarbe wirkt wie ein falsches Outfit.

Wer sie verändern will, kann sich aus einer großen Bandbreite das Richtige wählen. Sie können sich zu einem Fachmann, dem Hairstylisten, begeben. Aber Sie können die Färbungen auch zu Hause selbst ausführen.

7.4.1 Tönung

Wenn Sie nur eine leichte vorübergehende Farbveränderung wünschen, so ist hier eine Farbtönung genau richtig. Diese wäscht sich nach sechs bis acht Haarwäschen wieder aus. Sie können je nach Lust und Laune Ihrem Haar neue abwechslungsreiche Nuancen geben. Bei einem hohen Eigengrauanteil im Haar decken die Tönungen nicht so lange und gut ab. Da wäre dann eine Haarfärbung oder eine Intensivtönung vorzuziehen.

Wer auch die farbliche Haarveränderung mit natürlichen Produkten bewirken möchte, kann inzwischen auf eine Vielzahl von hervorragenden Pflanzenfarben zurückgreifen. Beim Friseur ist allerdings die Bandbreite bei kalten Farbnuancen nicht sehr groß. Denn die pflanzlichen Produkte werden zum größten Teil aus Henna hergestellt und ergeben meist warme Farbtöne.

7.4.2 Strähnen

Wir haben immer wieder Klienten, die entweder nicht so auffällige Farbveränderungen an ihren Haaren vornehmen oder nicht soviel Chemie an ihre Kopfhaut lassen wollen. Frauen während der Schwangerschaft sollten von chemischen Eingriffen beim Haar grundsätzlich absehen. In solchen Fällen bieten sich Strähnen geradezu an.

Bei Strähnen wird die Farbe auf einzeln abgeteilte und vorher selektierte Haarsträhnen aufgetragen und je nach Technik mit Papier, Folie oder einer Plastikhaube abgedeckt. Sie sollten dezent aussehen und nicht wie Zebrastreifen im Haar. Sie bleiben sehr lange im Haar, da sie in der Regel mit dem Haar weiter herauswachsen. Lediglich die Ansätze sollten pro Monat zirka einen Zentimeter nachbearbeitet werden.

Bei Strähnen können Sie richtiggehend in Farben schwelgen. Die warmen Farbtöne können von Goldblond über Apricot, Mahagoni, Kastanie, Erdbeere bis Pumuckelrot reichen.

Die kalten Farbtypen können entweder den eigenen Aschton zwei Nuancen dunkler oder platinblonde Strähnen ins braune Haar färben lassen. Sommertypen können das eigene «langweilige» Blond durch kalte blonde Strähnen wunderbar natürlich aufhellen, als ob die Farbe von der Sonne verursacht worden wäre.

In dunkleren, aschbraunen Haaren sind auch kalte Rottöne wie schwarze Kirsche, Heidelbeere, Pflaume oder Beaujolais möglich. Allerdings müssen die einzelnen Strähnen vorher auf dem dunklen eigenen Haar mittels blonder Strähnen aufgehellt werden, damit die ausgewählte Farbe hält.

Auch für Herren mit aschblonden oder aschbraunen Haaren sind Strähnen eine ausgezeichnete Möglichkeit, ihre Haarfarbe dezent und natürlich zu verändern.

Es wird ja immer behauptet, dass graue Haare einen Mann noch interessanter machen. Das hat etwas für sich. Dennoch gibt es für Herren, die vorzeitig ergrauen oder sich damit nicht (noch nicht) abfinden wollen, fabelhafte Möglichkeiten, die Haarfarbe leicht und schonend wieder dem Naturton anzupassen. Diese Farbauffrischung kann man sich ebenfalls beim Hairstylisten machen lassen oder mit Präparaten, die man in jeder Drogerie zu kaufen bekommt, bequem und diskret zu Hause vornehmen.

7.4.3 Dauerwelle

Ich bin kein ausgesprochener Fan der Dauerwelle, obwohl sie für dünnes Haar eine gute Möglichkeit darstellt, mehr Umfang vorzutäuschen. Außerdem vermittelt sie oft den Eindruck von Freitzeitlook.

Es ist schwierig, bei einer Dauerwelle eine Farbveränderung entweder durch Strähnen oder durch Tönung vorzunehmen. Beides sollte nur im zeitlichen Abstand gemacht werden, da sonst die Haare zu stark darunter leiden.

Ein guter typgerechter Haarschnitt und eine dezente Farbveränderung sind effektiver und sehen formeller aus als eine Dauerwelle im Romantikstyle – abgesehen davon, dass diese einen erheblichen Mehraufwand an Pflege und Styling benötigt.

7.4.4 Haarschnitte

Herren-Fassonschnitt mit längerem Haar

Herren-Fassonschnitt klassisch

Nichts kann auf den ersten Blick so ungepflegt wirken wie schmutzige, abgetretene Schuhe oder ein ungepflegter Kopf.

Sie kennen sicher die verschiedenen unappetitlichen Ausführungen aus Tram, Bus, U-Bahn oder Flughafen. Da gibt es strähnige und fette Haare, welche unangenehm ungewaschen und nach Talg riechen, wenn man das Unglück hat, hinter so einem Zeitgenossen in einer Schlange an einem Schalter warten zu müssen. Oder schuppige Haare, die leise weiß rieseln wie Schnee.

Auch eine alte Dauerwelle mit abgebrochenen Haarspitzen und einem Liter Betonkleber sieht nicht gerade charmant aus.

In den Seminaren fällt mir oft auf, dass besonderes die männlichen Manager die schicksten und neuesten Autos mit allem erdenklichen Schnickschnack vor der Tür stehen haben. Sieht man ihnen aber auf den Kopf, erblickt man einen ungepflegten, unpassenden Haarschnitt von anno dazumal. Wahrscheinlich ein schneller Trockenschnitt, wenn der Friseur seit 30 Jahren fragt: «Wie immer – der Herr?» Bloß nichts Neues …

Es ist zu vielen Leuten anscheinend noch nicht vorgedrungenen, dass gerade typgerechtes und gepflegtes Haar eine immense Wirkung auf die Gesamtausstrahlung hat.

Um im geschäftlichen Umgang nicht ins Fettnäpfchen zu treten, sollten Sie deshalb folgende Punkte beachten:

- akkurater Haarschnitt
- keine kaputten abgebrochenen Haarspitzen
- keine herausgewachsenen Strähnen
- nicht zuviel Gel oder Betonkleber (Spray) im Haar.

Eine strenge Ponyfrisur verdeckt das Gesicht und läßt die Augen schwer sehen – Denken Sie hier wieder, wie beim Brillengestell, daran: Sieh mir in die Augen … Unschön sind auch zu viele Locken oder eine luftgetrocknete Dauerwelle (sie erscheinen zu freizeitorentiert und nicht formell) oder zu viele verschieden farbige Strähnen im Haar.

Empfehlenswerte Haarfrisuren für Männer im Beruf sind

- akkurater Fassonhaarschnitt
- oder Fassonschnitt und Deckhaar lang und nach unten und hinten übergehend in Fasson kurz.

Männer mit beginnender Glatze oder Halbglatze sollten bitte nicht krampfhaft so tun, als hätten sie noch viele Haare auf dem Kopf. Immer wieder muss ich sehen, wie die letzten verbliebenen Haarsträhnen mit Haarspray Marke «extra strong» entweder von hinten nach vorne oder über die Stirne geklebt werden. Haarausfall ist bei Männern ein normaler Vorgang. Bitte stehen Sie dazu und lassen Sie Ihr Haar gerade an den Stellen, wo es licht und dünn ist, kurz schneiden. Nehmen Sie sich wenigstens einmal Bruce Willis oder Heiner Lauterbach als Beispiel: Die akzeptieren ihr weniges Haupthaar und sehen durch den passenden Haarschnitt sportlich männlich und sexy aus.

Business-Haarschnitte für Frauen

Männer finden lange Haare an Frauen sexy. Das war immer schon so und wird so sein. Langes Haar ist die glänzende Fahne der Weiblichkeit.

In unsere Beratungen kommen immer wieder gestandene Frauen, Mitte 40, die sehr erfolgreich im Beruf sind. Wenn wir dann beim Thema Haarberatung angelangt sind, kramen sie in der Handtasche und ziehen schließlich ein verknittertes kleines Foto hervor. Darauf sind sie im zarten Alter von 20 bis 25 Jahren abgebildet. Dann folgt die Bemerkung: «Mein Mann hat gesagt, Sie können alles mit mir machen, aber die Haare wie damals, als wir uns kennen gelernt hatten, sollen so bleiben.»

So etwas höre ich aber auch von Herren, die bei uns einen Geschenkgutschein für ihre Frauen kaufen. Daran können wir sehen: An den Haaren kann viel Glück oder Unglück hängen. Was macht man dann mit so einer Klientin, die formell auftreten muss, inzwischen sowohl eine Topposition als auch Konfektionsgröße 44 – 46 hat und sich ihre langen, wallenden, dauergewellten und falsch gefärbten Haare nicht ändern lassen will?

Dadurch sieht sie wesentlich älter und matronenhafter aus. Bei einer Konfektionsgröße 36 – 38 waren die langen Haare für eine 20-jährige passend, aber heute drücken sie auf die Gesamtproportion.

Die Dauerwelle, welche künstlich die vom Ehemann so geliebten Locken erzeugt, ist völlig unpassend zu ihrem Typ, denn sie hat von Natur aus glattes Haar. Locken machen das Gesicht runder und fülliger, und wer sowieso schlanker erscheinen möchte, vereitelt dies ganz sicher damit.

In solch einem Fall gehe ich folgendermaßen vor: Ich bespreche diese Fakten mit der Klientin, und meist wird mein Vorschlag auch akzeptiert. Manchmal stellt sich heraus, dass diese Veränderung insgeheim sogar von ihr gewünscht wurde, aber der Mut dazu fehlte.

Und ihrem Mann empfehle ich: «Wenn Sie lange, blonde Locken lieben, dann lassen Sie sich halt selbst welche machen ...»

Anders ist es, wenn Frauen sich die lange Pracht von selbst abschneiden lassen. Die Botschaft hier ist eindeutig. Sie sagen ihrem Partner damit: Ab heute hast du keinen Einfluss mehr auf meine Schönheit. Das, was dir an mir so gefallen hat, wirst du nicht mehr zu sehen bekommen, auch den Rest des Körpers nicht. Eine neue Frisur bedeutet häufig einen neuen Lebensabschnitt – auch in Form eines neuen Partners. Das wissen Friseure schon seit langem.

Klassischer Bob

Hochgesteckte Haare

Für den Beruf sollten Frauen einen halblangen Bob – besser bekannt unter dem Namen Pagenkopf – bevorzugen. Aber bitte hüten Sie sich vor der Ausführung «Prinz Eisenherz» (Angela Merkel), das wirkt langweilig und zu manchen Gesichtsformen zu hart und eckig und streng. Der Pagenkopf kann als Frisurgrundform genommen und je nach Typ und Haarqualität gestuft und gefranst werden. Er macht die Trägerin flotter, femininer und wirkt doch ordentlich und formell.

Ein typgerechter Kurzhaarschnitt kann ebenfalls sehr überzeugend sein. Diese Haarschnitte sind sehr pflegeleicht und frau braucht morgens nur wenige Minuten zum Styling. Aber bitte Vorsicht bei Damen, die etwas maskulin und burschikos wirken. Zusammen mit einem Businesskostüm oder Hosenanzug können sie sehr streng und männlich wirken und in den Köpfen der Männer in der Schublade «karrieregeile Emanze» entsorgt werden. Als dritte Variation kann ein bis zur Schulterlänge reichende Grundschnitt sein, bei dem alle Haare an der Grundlinie exakt gleich lang geschnitten sind. Aber bitte nicht länger als schulterlang, denn vielleicht kennen Sie den Effekt, der hier erzeugt werden kann: Von hinten wie 18 und von vorne wie 80!

Dieser Langhaarschnitt sollte nur bei Frauen mit einigermaßen guter Haarqualität zur Anwendung kommen. Bei zu dünnen Haaren hängen die Haare zu traurig herunter. Man kann den Schnitt noch etwas verändern, indem die Spitzen fransig oder ganz leicht angestuft oder an den beiden seitlichen Linien leicht gestuft werden.

Diese Variationen können entweder nach außen, nach innen oder einfach glatt geföont werden und wirken somit gepflegt und formell.

Auch gibt es die Möglichkeit, das Haar hinten zu einem Pferdeschwanz zusammenzubinden. Aber bitte keinen jugendlichen Rock-and-Roll-Pferdeschwanz, sondern einen tiefangesetzten Mozartzopf. Benutzen Sie dafür bitte keine normalen Bürogummis. Dies sieht nicht gerade stylish aus und bricht Ihre Haare ab.

Nehmen Sie einen weichen Gummi in der passenden Farbe Ihres Outfits oder eine schöne Spange, aber ohne Glimmer und Glitzer.

Auch können Sie eine eigene dünne Haarsträhne abteilen, mit dieser den Pferdeschwanz umwickeln und mit einer Klammer feststecken.

Hochgesteckte Haare, wie zum Beispiel eine Banane, wirken ebenfalls für den Beruf immer gepflegt und aufgeräumt – besonders, wenn das Haar nicht mehr ganz frisch ist.

7.4.5 Bärte, Schnurrbärte & Co.

Bärte sind bei Männern ein heikles Thema. Die meisten trennen sich ungern von ihren Bärten und Schnurrbärten.

Erinnern Sie sich, als Sie das letzte Mal in der Oper waren? Sie saßen vielleicht von der Bühne zehn bis 30 Meter weit entfernt. Trotzdem konnten Sie die einzelnen Charaktere auf den ersten Blick aufgrund der Kostüme erkennen. Und an den verschiedenen Formen der Bärte konnten Sie gleich sehen, welchen Charakter die Figur darstellte.

Es gibt Bartformen, welche den Bösewicht, den Verschlagenen, den wilden Räuber, den Hinterhältigen, den brutalen Macho, den Naiven, den Bodenständigen, den König oder Kaiser, den Höfling oder den Zauberer, kennzeichnen. Allein durch die Bartform bekommt das Gesicht eine besondere Charakteristik. Der erste Eindruck von einer Person kann auch hier der falsche sein. Schublade auf.

Viele Klienten berichten, sie trügen den Bart entweder aus Bequemlichkeit (da sie sich ihn im Urlaub einmal wachsen ließen) oder um älter und männlicher zu wirken.

Einige erzählen tolle Märchen: Sie bräuchten den Bart, um Narben, zu dünne Lippen oder Pausbacken zu kaschieren, oder ihre Frauen wünschten sich ausdrücklich den Bart.

Lassen Sie es mich kurz und deutlich aussprechen: Im Geschäftsleben haben Bärte keine Berechtigung.

In leitenden Funktionen und im Verkauf sind Bärte schlichtweg nicht tolerierbar. Ein Bart wirkt ebenso wie eine zu große Brille oder eine hinbetonierte Ponyfrisur (bei manchen Frauen) wie ein Stopper im Gesicht.

Ein offenes Gesicht fördert die Kommunikation zwischen den Menschen. Ein Bart kann unnötig Angst einflößen (vielleicht wünscht sich der Träger das?). Viele Menschen verstehen den Bart so: Der Bartträger strahlt Stärke und Dominanz aus – Männlichkeit eben. Aber umgekehrt unterstellt man Bartträgern häufig recht pauschal mangelndes Selbstwertgefühl und Unsicherheit, die mit dem Bart kompensiert werden sollen. In einigen amerikanischen Unternehmen gibt es in Bezug auf Bärte überhaupt keine Diskussion. Sie werden bereits mit dem Arbeitsvertrag von vorne herein ausgeschlossen.

Trotzdem ist Bart natürlich nicht gleich Bart. Wenn Sie als Bildhauer oder Holzfäller oder Abgeordneter der Grünen arbeiten, dann mag ja ein Bart zu Ihrem Image gehören.

Hinweise zur Bartpflege

Wenn Sie sich dennoch nicht von Ihrem Bart trennen möchten, dann sollten Sie wenigstens folgende Punkte berücksichtigen:

- Schnurrbärte sollten gepflegt und korrekt ausrasiert sein. Vermeiden Sie Schnurrbärte à la Dschingis Khan, welche sich den Mundwinkel hinunterziehen. Sie wirken dadurch eher brutal als männlich. Rasieren Sie den Schnurrbart gleichmäßig an den Enden der Oberlippe ab.
- Auch wild wuchernde Haare und zu dicker Schnurrbart wirken ungepflegt.
- Wenn Sie einen Vollbart tragen wie Rübezahl, sollten Sie sich nicht wundern, wenn man Ihnen bei der Bahn gleich einen Seniorenpass verkaufen will. Rasie-

ren Sie Ihren Bart mit Ihrem Bartschneider flacher. Sie erhalten so einen so genannten italienischen Bart. Der sieht wesentlich gepflegter aus und Sie wirken jünger.

- Kinnbärte werden häufig Ziegenbärte genannt. Wenn Sie einen solchen tragen und auf ihn nicht verzichten möchten, dann rasieren Sie ihn ganz ordentlich und flach. Zurzeit sind diese Bärte bei jungen Männern aus der Techno-, Rave- oder Surferszene in allen Variationen Mode. Oftmals wird der Bart passend zu den Strähnen am Kopfhaar eingefärbt.

  Bedenken Sie aber, dass diese Modeerscheinung möglicherweise bald vorüber ist. Diese Jungs werden dann ihr Styling ändern müssen, wenn sie ihren ersten Job bei der Bank oder anderswo in der Wirtschaft bekommen.
- Es gibt Männer, die sich ihren Bart einfärben lassen, um die grauen Haare darin abzudecken. Das ist durchaus legitim, sollte aber professionell gemacht werden. Es wirkt nichts Lächerlicheres als ein Mann mit graumeliertem Haupthaar und tiefschwarzem Bart.

Denken Sie immer daran, dass Sie wahrscheinlich ohne Bart attraktiver und jünger wirken würden.

An dieser Stelle soll noch erwähnt werden, dass auch die Härchen, die aus der Nase oder aus den Ohren quellen, nicht sehr sexy wirken und regelmäßig mit einem kleinen Scherchen entfernt werden sollten.

Eine Quelle für Meinungsverschiedenheiten sind auch Ohrringe bei Männern sowie das sichtbare Piercing bei Frauen und Männern. Aus modischer Sicht ist dagegen nichts einzuwenden. Tragen Sie das – sofern Sie bei einem Hairstylisten, in einer Trendkneipe, als angesagter DJ, als Tabledancer oder als Bauer in der Appenzeller Landwirtschaft arbeiten (die haben nämlich häufig einen Ohrring).

Aber in der Wirtschaft können Sie damit keine Lorbeeren ernten. Deshalb gehen auch hierzulande viele Unternehmen dazu über, diese modischen Erscheinungen im Arbeitsvertrag zu berücksichtigen und die genannten Accessoires zu verbieten. Der Verstoß gegen diese Vorschriften kann eine Mahnung und eine anschließende Kündigung zur Folge haben.

Denn als Mitarbeiter eines Unternehmens trägt man dessen Unternehmensphilosophie und die firmenspezifische Corporate-Identity nach außen. Voraussetzung dafür ist, dass man diese Unternehmensphilosophie selbst lebt. Und vergessen Sie bitte nicht, dass es der menschlichen Natur entspricht, Menschen mit hoher Selbsteinschätzung gegenüber einem Menschen mit geringem Selbstvertrauen zu bevorzugen.

7.5. Accessoires

7.5.1 Tipps zu Accessoires

Bereits bei der Darstellung der Farbtypen (Seite 93ff.) hatten wir kurz die Accessoires angesprochen. Das soll hier noch etwas ausführlicher erfolgen.

Die Vertreter der warmen Farbfamilien Frühling und Herbst sollten also bevorzugt goldfarbene Accessoires auswählen und die der kalten (Sommer und Winter) Weißgold, Platin und Silber wählen, weil diese auf der Haut besser wirken.

Nun kann es sinnvoll sein, dass man hier einen Kompromiss schließen muss, weil viele Menschen beispielsweise an einer Nickelallergie leiden, die sie bei Ohrringen oder Metallen, die direkt mit der Haut Kontakt haben, verspüren. Hier wäre es angebracht, Gelbgold zu bevorzugen und dann eventuell Steine mit kalten Farben wie Brillanten und Saphire auszusuchen. Außerdem trifft man häufig die Situation an, dass mann/frau schon viel Schmuck besitzt, den man unmöglich einschmelzen oder verkaufen kann.

Hier wäre als Kompromiss bicolor, also eine Kombination von Weißgold und Gelbgold, angebracht.

Wichtiger ist die Auswahl der richtigen Accessoires bei Knöpfen, Reißverschlüssen, Spangen und Schließen oder auch bei Manschettenknöpfen und Krawattennadeln.

Denn wenn alle Accessoires in Gold bzw. Silber, das heißt Ihrem persönlichem Farbtyp entsprechen, dann ergibt das Styling hier ein perfektes harmonisches Bild.

Achten Sie daher auf die passenden Accessoires, denn diese Kleinigkeiten haben maximale Wirkung.

Wenn Sie möglicherweise einen farblich perfekten Blazer einkaufen, der aber Ihrem Farbtyp entsprechend die falsche Knopffarbe hat, dann ist es ein Leichtes, diese Knöpfe zu entfernen und die richtigen zu besorgen und annähen zu lassen.

7.5.2 Tipps zu Brillengestellen

Eine Brille ist für die Krankenkassen erst mal eine Sehhilfe. Aber sie sollte nicht einfach eine Prothese sein, welche nur technisch perfekt gemacht ist, sondern ein modisches Accessoire, das den Typ und die Persönlichkeit unterstreicht.

Es ist schier unglaublich, wie unterschiedliche Brillengestelle Menschen verändern können. Man kann sich gar nicht vorstellen, wie viele Brillentypen es gibt und wie sehr Menschen je nach Anwendung gleich der Brille entsprechend eingeordnet werden. Da gibt es die typischen Sekretärinnenbrillen in Schmetterlingsform sowie die runde, brave Nickelbrille (Typ Student/Schüler oder Lehrer) oder auch die Managerbrille, welche strenge, rechteckige Formen und kontrastreiche Farben wie Schwarz, Dunkelbraun oder Melierungen aufweist.

Es gibt die typischen Werber- und Redakteursbrillen für Werber und Redakteure, Brillen für Playboys und Porschefahrer, und zwar mit der anatomischen Grundform, die das Gesicht wie die Biene Maya erscheinen lässt, und für die Trendigen ist derzeit alles, was bunt ist an Gläsern und mindestens zwei Drittel vom Gesicht verdeckt, angesagt. Von Gucci bis Prada – der Trend der Achtziger hat uns alle wieder erwischt.

Auch hier ist der erste Eindruck wieder mit einer Klassifizierung verbunden, und wenn man Pech hat, landet man schon wieder dank Brille in einer Schublade. Egal nun, ob Sie extrem mit der Mode gehen oder ob Sie ein Krankenkassengestell von anno dazumal tragen, sollten Sie Folgendes wissen:

Die Augen sind eines der wichtigsten nonverbalen Kommunikationsmittel, und daher sind Brillen, die zu groß sind oder bei denen das Gestell zu massiv und zu bunt ist, eher ungünstig. Das gilt auch für stark getönte Gläser. Dabei ist unerheblich, ob es sich hier um Variogläser handelt, die Diagnose der entsprechenden Sehschwäche es verlangt oder es eben trendmäßig angesagt ist.

Wenn Ihr Gegenüber Ihre Augen nicht oder nur schwer erkennen kann, haben Sie schon mal einige Minuspunkte, die Sie nur noch durch Ihren umwerfenden Charme wettmachen können.

Unsichere Menschen verstecken sich ebenfalls gerne hinter unpassenden Brillengestellen.

Worauf sollten Sie nun besonders achten?

Vermeiden sie zu dicke Brillengestelle; die lassen Sie unnötig streng wirken. Auch zu große Brillen verdecken zu viel von Ihrem Gesicht. Vermeiden Sie Brillengestelle, welche nach unten ziehen; das ergibt einen negativen Touch – Sie wirken müde und traurig.

Probieren Sie einmal randlose Gestelle aus. Der Optiker kann sie auch nach Ihren persönlichen Wünschen etwas formen.

Richten Sie sich bei der Auswahl nach Ihrem Farbtyp, denn dann passt die Brille nicht nur zu Ihrem Teint und Ihrer Haarfarbe, sondern Sie können sie zu jedem Ihrer Kleidungsstücke tragen.
Wenn Sie ohne Brille sehr schlecht sehen, dann suchen Sie bitte ein Optikergeschäft auf, welches in der Lage ist, Sie bei der Auswahl der Gestelle mit der Videokamera zu filmen. Sie können sich dann in aller Ruhe auf dem Bildschirm des Monitors betrachten und die Unterschiede sehen. Dadurch vermeiden Sie Fehlkäufe.

7.5.3 Tipps zu Uhren

So wie der Blick auf die Schuhe schon eine Analyse seines Gegenübers erlaubt, sollte der Blick auf dessen Uhr nicht vergessen werden. Wer Kenntnis über die gängigsten Uhrenmodelle hat, kann sehr interessante Rückschlüsse auf den Träger des jeweiligen Uhrenmodells ziehen. So wird der Besitzer einer Rolex aus Gold mit Brillantlunette anders eingeschätzt werden als der einer No-Name-Uhr aus dem Mitnahmemarkt oder der einer Fake-Swatch.

Ob man nun eine batteriegetriebene Uhr trägt oder der Faszination einer mechanischen Uhr erlegen ist – auch hier gibt es wieder einige wichtige Dinge zu beachten.

Generell lässt sich sagen, daß sowohl eine mechanische als auch eine batteriebetriebene Uhr, immer wieder überholt und repariert, ein ganzes Leben lang getragen werden kann, aber der Träger einer mechanischen Uhr identifiziert sich eher mit den individuellen Einzelheiten sowie Funktion und Herstellung seines Chronometers. Eine Uhr mechnischen Ursprungs kann die persönliche Einstellung des Trägers signalisieren, denn diese Art von Uhr erfordert ein tägliches Stellen und Bewerten.

Für das Geschäftsleben sollte man auf jeden Fall eine qualitativ gute Uhr, aber mit zurückhaltendem Design, tragen. Das kann eine Timex, Omega, oder je nach Geldbeutel, eine Cartier, Breitling, Rolex, IWC oder Baume & Mercier sein.

Hier sollte schlichtes Understatement gefragt sein. Übrigens können Sie im Geschäftsleben durchaus eine Swatch tragen. Aber eine echte dieser Kultuhren muss es schon sein. Als Zweituhr für Freizeit und Sport kann man dann entweder eine sportliche Uhr, welche robust und unempfindlich sein sollte, auswählen. Dies können Modelle sein von Omega, welche als Taucheruhren gerne gekauft werden, oder eine Breitling oder Longines. Diese Uhren sind schlechthin die großen Marken, welche sich als die ersten Fliegerchronometer einen Namen gemacht haben.

Die absolut zeitloseste unter den Uhren ist immer noch die Rolex. (Die Firma hat als erste bereits 1926 eine wasserdichte Uhr auf den Markt gebracht.) Wer für den edlen Auftritt eine eher elegante Version sucht, kann bei den Firmen Audemars Piguet, Patek Philippe, Cartier, Breguet und vielen anderen guten Marken fündig werden.

Beim Kauf sollten Sie bedenken, dass die Uhr auch Ihrer Körpergröße und Statur angemessen sein sollte. Nichts sieht lächerlicher aus, als wenn ein eher zierlicher Mann oder eine zierliche Frau einen protzig-großen Chronometer trägt.

Achten Sie darauf, dass das Metall zu Ihnen passt. Für die warmen Farbtypen ist eher wieder Gold vorteilhaft und für die kalten Typen Weißgold, Edelstahl und Platin. Beim Uhrenkauf sollte es wie beim Schuhkauf sein. Die Uhr muss Ihnen und Ihrem Typ wirklich entsprechen. Wenn der Verkäufer Ihnen die Uhr anlegt, müssen Sie sich wohlfühlen. Die Uhr sollte an Ihrem Handgelenk nicht als Fremdkörper empfunden werden.

7.5.4 Accessoires für Männer

Nichts spricht dagegen, dass Männer Schmuck tragen. Aber es kommt immer darauf an, in welchem Umfeld Sie sich bewegen. Im formellen Bereichen sollten Sie sich auf eine Qualitätsuhr, die schlicht, zeitlos und dezent ist, beschränken. Lassen Sie die Goldrolex mit der Brilliantlunette im Safe zu Hause. Bei manchen Kunden und Geschäftspartnern könnte dies als unpassend und angeberisch empfunden werden. Vermeiden Sie auf jeden Fall protzige Goldketten um den Hals oder noch zusätzlich um das Handgelenk. Gegen einen Ring ist überhaupt nichts einzuwenden. Bei Ohrringen sieht es schon wieder ganz anders aus (siehe Seite 149). Auch sichtbare Piercings sind im Businessbereich indiskutabel .

7.5.5 Accessoires für Frauen

Als Grundregel gilt: Geizen Sie mit Accessoires. Beladen Sie sich nicht mit jeder modischen Neuerscheinung.

Tücher

In keinem Kleiderschrank sollte ein schönes, auf den Farbtyp abgestimmtes Seidentuch fehlen. Es gibt wunderschöne Kreationen von Joop, Hermès, Ferragamo, Gucci und vielen anderen. Mit solch einem Tuch können Sie schnell mal einen Pullover modisch stylen. Sie können es zum Mantel oder zur Jacke tragen, und Sie können es natürlich als Kopftuch zum Schutz gegen Wind und Wetter tragen sowie, amerikanisch gebunden (die Enden werden von hinten nach vorne geknotet), beim Cabriofahren einsetzen. Diese Tücher, auch Karrees genannt, gibt es in den Größen 40 x 40 bis 160 x 160. Sie können auch aufgerollt oder diagonal gefaltet werden. Als weitere schöne Variante können Sie das Tuch über einen Blazer legen.

Es gibt noch eine weitere Variation – das Nikituch. Hierbei handelt es sich um eine kleines, quadratisch geschnittenes Tuch – meistens aus Baumwolle, aber auch aus Seide –, welches um den Hals gebunden seitlich geknotet wird. Es verleiht der Garderobe eine sportliche Note. Doch Vorsicht bei Damen mit einem kurzen Hals oder fülligen Proportionen; hier wirkt es unpassend, weil der Hals dann zu stämmig wirkt.

Gürtel

Beim Gürtel für Damen gelten die gleichen Regeln wie bei den Herren. Wo sich eine Gürtelschlaufe in der Hose oder am Rock befindet, da soll ein Gürtel hinein.

Handschuhe wählen Sie bitte zum Gürtel passend aus. Die Farbe der Schuhe sollte sich beim Gürtel ebenfalls widerspiegeln.

Bleiben Sie auch hier der schlichten Eleganz treu.

Taschen

Die beste Tasche für das Geschäftsleben ist und bleibt eine schwarze Tasche. Schlicht und gradlinig geschnitten sollte sie sein. Kein Firlefanz, kein Geklimper. Entscheiden Sie sich je nach Vorliebe für eine Tasche mit Schulterriemen, mit Tragegriff oder einen eleganten Lederrucksack.

Seitdem fast jede Frau viele lebensnotwendige Dinge mit sich herumschleppt, beobachten wir einen Trend zu größeren Taschen. Eine Regel der Etikette für das Privatleben ist hier noch zu beachten: Je später der Abend, desto kleiner sollte die Tasche sein.

Schmuck

Ich kenne keine Frau, die nicht gerne Schmuck trägt. Achten Sie bitte auf Ihren Typ. Große Frauen können, sofern der Geldbeutel es erlaubt, größere Stücke tragen, wogegen kleinere, zierlichere Frauen mit schlichteren Designs besser beraten sind.

Im Beruf sollten Sie sich allerdings mit Schmuck etwas zurückhalten. Tragen Sie schlichte puristische Teile. Beschränken Sie sich auf eine zeitlose Qualitätsuhr, eventuell Ohrstecker und einen, höchstens zwei Fingerringe.

Immer wieder kann ich beobachten, dass Damen, welche dicke und kurze Finger haben, sich zu enge und zu dünne Ringe anstecken. Dies sieht unästhetisch aus, da sich die Haut um den Ring quetscht. Mehrere Armreifen und fast an jedem Finger ein Ring wirken übrigens billig.

Natürlich kann man für Schmuck ein Vermögen ausgeben. Aber auch bei einem kleineren Budget können Sie sich typgerechten und passenden Schmuck leisten.

Der Klassiker ist eine echte Perlenkette, entweder klassisch in Cremefarben oder in Grautönen.

Hier können Sie sich einen typgerechten individuellen Verschluss dazu auswählen. Kombinieren Sie Ihrem Farbtyp entsprechend Weißgold oder Gelbgold mit Diamanten oder Saphiren.

Denn Sie wissen ja, meine Damen, Diamonds are forever: Die Männer gehen – die Diamanten bleiben …

7.6 Make-up – aber typgerecht

Kaum ein anderes Thema erregt die Gemüter wie das Make-up bei Damen.

Frauen im Beruf, das sollte überhaupt keine Frage sein, sollten geschminkt sein. Und das heißt: typgerecht, dezent, chic und natürlich, und nicht wie in den Malkasten gefallen, bunt und glänzend.

Viele Frauen haben dazu eine recht seltsame Einstellung. Sie schminken sich nicht, weil sie es nicht beherrschen. Viele geben auch offen und ehrlich zu, dass sie morgens zu faul sind und lieber noch etwas länger im Bett liegen bleiben. Allerdings sieht man daran, welchen Stellenwert ihre Arbeit in ihrem Leben spielt – keinen großen.

Andere wiederum sind empört und betrachten die Vorschrift eines dezenten Make-ups als einen schwerwiegenden Eingriff in ihre Persönlichkeit.

Aber es ist nun einmal so, dass einer im Berufsleben und vor allem in Topposition ungeschminkten Frau der gleiche Stellenwert zukommt wie einem Mann, der nicht oder schlecht rasiert ist.

Wieder geht bei der Umgebung eine geistige Schublade auf: «Eine freizeitorientierte Schonhaltung», wie Klaus Kobjoll es nennt, Null Bock auf Karriere. Ungepflegt.

In den Seminaren hatten wir schon Fälle, wo Frauen in leitender Position waren und nur mit männlichen Kollegen und Mitarbeitern zu tun hatten. Aus Angst, ihre Fachkompetenz werde nicht genügend Anerkennung finden, legten sie ein extrem männliches Auftreten an den Tag: burschikoser Kurzhaarschnitt, ohne Make-up, Schmuck und immer lange Hosen. Doch diesem Verhalten liegt ein falscher Gedanke zugrunde.

Männer arbeiten durchaus gerne mit Frauen, die «tough» und kompetent sind. Männer haben aber auch nichts dagegen, wenn Frauen kompetent sind und trotzdem ihre Weiblichkeit nicht verleugnen. Respekt und partnerschaftliches Verhalten hängen nicht vom Make-up und Styling ab, sondern von der Ausstrahlung und Selbstsicherheit der jeweiligen Dame.

Es ist eine Frage des Respekts gegenüber seiner Umwelt, wie man persönlich auftritt. Ohne Make-up wird der Eindruck erweckt, man habe gerade verschlafen und sei nun schnell in die Klamotten gesprungen, um pünktlich zu erscheinen.

Hier für Sie eine kleine Hilfe, wie Sie ein Fünf-Minuten-Business-Make-up erstellen können.

7.6.1 Fünf-Minuten-Business-Make up

Das Schminken sollte immer auf der vorher gereinigten und mit der Tagescreme versorgten Haut geschehen.

- Zuerst decken Sie mit Camouflage eventuelle Unreinheiten, Rötungen, Narben oder Schatten auf der Haut ab.
- Danach wird je nach Hautbild und Anlass eine Grundierung aufgetragen. Das kann eine getönte Tagescreme sein oder nur ein Puder-Make-up. Die Tagescreme kann auch verwendet werden, um die Haut stärker abzudecken, was bei ungünstigen Lichtverhältnissen hilft (wenn Sie an einer langwierigen Konferenz in neonerleuchteten Räumen teilnehmen müssen oder ein Seminar bis spät abends dauert).

  Hier sollten Sie mit einer Creme oder Cake-Make-up die Grundierung bevorzugen. Eine Grundierung sollte immer mit einem trockenen Schwämmchen aufgetragen werden, denn so wird sie ordentlich verteilt, hält länger, und außerdem sparen Sie Material.

  Die richtige Farbe ist von großer Bedeutung. Vermeiden Sie zu dunkle und braune Nuancen. Sie wirken sonst wie ein Indianer auf dem Kriegspfad. Das Make-up sollte allerhöchstens zwei Nuancen dunkler sein als Ihre eigene Hautfarbe.

  Eine Todsünde ist es, das Make-up auf den Hals aufzutragen.

  Damit Sie nicht wie eine Speckschwarte glänzen, sollten Sie die Grundierung, sofern Sie nicht schon ein Puder-Make-up angewendet haben, mit einem matten Puder abpudern. Vermeiden Sie hier bitte Puder mit glänzenden Partikelchen; dieses sollte für das Abend-Make-up vorbehalten sein.

- Der nächste Schritte bezieht sich nun auf die Korrektur der Augenbrauen. Bürsten Sie die Augenbrauenhärchen mit einer Bürste in Form – das kann auch eine nicht mehr benutzte eingetrocknete Bürste für Wimperntusche sein. Puder und Make-up-Reste lassen sich damit ebenfalls gut entfernen.

Wenn Ihre Augenbrauen zu kurz oder zu dünn gewachsen oder einige Härchen fehlen und Lücken zu sehen sind, sollten Sie diese gleich korrigieren. Ich empfehle dazu Augenbrauenpuder. Dies wirkt wesentlich dezenter und hält länger als ein Stift.

- Nun tragen Sie mit einem Schaumstoffapplikator Lidschatten auf. Der Schaumstoffapplikator verhindert das Bröseln des Lidschattens und hält länger. Für Kontaktlinsenträgerinnen ist dies eine gute Möglichkeit, ohne Reizungen der Augen Lidschatten aufzutragen.

  Wählen Sie Ihrem Farbtyp entsprechend entweder kalte oder warme Farben. Für das Business-Make-up sollten Sie dezente Töne wählen. Beginnen Sie damit, zuerst das ganze Lid mit einer hellen Grundierung in Weiß-Silber-Beige-Tönen zu schminken. Danach können Sie eine zweite Lidschattenfarbe auftragen. Diese sollte einige Nuancen dunkler sein, Braun, Grau, Mauve, Anthrazit, um nur einige Beispiele zu nennen. Diese dunklere Farbe tragen Sie in Höhe der Lidfalte auf und verteilen sie. Sollten Sie Schlupflider besitzen, so ziehen Sie den dunkleren Schatten zum äußeren Drittel des Augenlides und verwischen alles nach schräg oben.

  Frauen, die Fältchen um die Augen haben, sollten matte, pudrige Lidschatten verwenden, denn die cremigen und Glimmerpartikelchen enthaltenden Farben lassen die Fältchen noch hervortreten und setzen sich dann in der Lidfalte ab. Sie können Ihre Augen auch noch am unteren Lidrand umranden, aber von dem sich zurzeit wieder im Trend befindlichen Kajal würde ich abraten. Dieses eignet sich für sehr große Augen. Normale europäische Augen wirken leider damit etwas hart und kleiner.
- Danach sollten Sie Ihre Wimpern tuschen. Achten Sie darauf, dass sie nicht zusammenkleben und dann der Eindruck von Fliegenbeinen entsteht. Bürsten Sie die Wimpern einfach, nachdem die Tusche etwas getrocknet ist, mit einem Bürstchen aus.

  Nun kommen wir gleich zum Schluss, denn bisher haben Sie höchstens vier, fünf Minuten gebraucht.

- Nehmen Sie einen Lippenkonturenstift und danach einen Lippenstift, den Sie am besten mit einem Pinsel auftragen sollten, weil der Lippenstift länger hält und das Auftragen viel ordentlicher wird.
  Rouge empfehle ich am Tag nur bei besonders blasser Haut, wie zum Beispiel beim Frühling- oder Sommertyp.
  Aber Vorsicht: nicht zuviel auftragen, sondern nur ein wenig mit dem Puderpinsel bestäuben.

Nun wirken Sie frischer und gepflegter. Ihre schönen Augen kommen besser zur Geltung und Sie wirken nicht mehr müde und gestresst. Der Tag kann positiv beginnen.

Camouflage

Camouflage bedeutet nichts anderes als tarnen oder verstecken und ist übrigens ein Begriff, der auch beim Militär verwendet wird.

In der Visagistik ist Camouflage überhaupt nicht mehr wegzudenken. Man wendet es an bei Narben, Feuermalen, Pigmentstörungen, Akne, Hautunreinheiten, Augenschatten und Tränensäcken.

Camouflage hat folgende Vorteile gegenüber einem herkömmlichen Make-up: Es ist wasserfest, wischfest und tränenfest.

Und so funktioniert die Camouflagetechnik:

Nicht in die Haut hineinreiben, sondern durch Auftupfen auf die Haut auftragen und verteilen.

8. Vorsicht Fettnäpfchen – Business Rules

8.1 «Dos» und «Donts» für Damen

«Dos»	**«Donts»**
Understatement	overdressed
schlichter Schmuck	zu viele Ringe
schwarze oder gemusterte Socken	weiße Socken
blickdichte Strumpfhosen	gezogene Fäden
schwarze Pumps	High Heels
BH mit Stützfunktion	ohne BH
Hosenlänge bis über den Absatz	zu kurze Hosen
schlichte Kostüme	zu sexy Kostüme
funktionelle, zeitlose Uhren	Brilliantuhren
modische Brillen	«Prothesen»
akkurater Haarschnitt	herausgewachsener Schnitt
gepflegte, glänzende Haare	kaputte Haarspitzen
gut manikürte Fingernägel	abgebrochene Nägel
gepflegte, frische Haut	müdes Aussehen
gesunde Haut,	Pickel, starkes Make-up
ästhetische Zähne	Zahnbelag, Karies, schlecht sitzender Zahnersatz
angenehmer Atem	Mundgeruch, Knoblauch-, Zwiebelgeruch
freundliche Mimik	unfreundliche Mimik
ruhige Stimme	schrille Stimme

8.2 «Dos» und «Donts» für Herren

«Dos»	**«Donts»**
Unterstatement	Overdressed
schlichter Schmuck	protziger Schmuck, Piercing
schwarze Socken	weiße Socken
Halbarm-Unterhemd	Trägerhemd, kein Unterhemd
knitterfreies Oberhemd	schlecht sitzendes Hemd
korrekte Krawatte	ohne Krawatte
passende Hosenlänge	zu kurze Hosen, zu lange Hosen
Gürtel	kein Gürtel an der Hose
schwarze Businessschuhe	ausgelatschte Mokassins
modische Brille	schlecht sitzende Brille
gepflegter Haarschnitt	zu lange Haare
kein Bart	ungepflegter Bart/Schnurrbart
gepflegte Fingernägel	zu lange Nägel, Nagelhäute
gesunde Zähne	Zahnlücken, Karies, Parodontose
sportliche Figur	Übergewicht, untrainierte Figur
positive Ausstrahlung	schlechte Laune

8.3 Ihr gesellschaftliches Leben

8.3.1 Die vier Distanzzonen

- Intime Distanz: Abstand ca. 40 Zentimeter – von uns selbst gewählt bei bestimmten Menschen.
- Persönliche Distanz: ca. 50 Zentimeter bis 1 Meter – Handschlag möglich.
- Gesellschaftliche Distanz: Hier verhalten wir uns abwartend. Hilfsmittel wie Schreibtisch oder Tresen vergrößern diese noch.

- Öffentliche Distanz: mehrere Meter, zum Beispiel Redner – Publikum.

Leider geschieht es im Alltag häufig, dass Menschen auf uns zustürzen und uns die Hand auf die Schulter oder auf den Rücken legen. Das mögen wir nicht, da die jeweilige Person nun in unsere intime Sphäre eingedrungen ist.

Die Reaktion darauf findet in der Regel durch Körpersprache statt: zurückweichen, Arm steif machen, Kopf zurückziehen, einen Schritt zurück.

Auch Sympathie wird durch die Körpersprache ausgedrückt: ein kleiner Schritt entgegen, ein Lächeln, aus weiter Entfernung die Hand reichen.

Die meisten kleinen Zeichen der Körpersprache laufen völlig unbewusst ab und sind dadurch ehrlich. Wir haben gelernt, uns durch Worte zu verstellen. Im Umgang miteinander sind diese kleinen Hinweise sehr hilfreich, da wir erkennen können, wo unser Gegenüber seine Grenzen setzen möchte.

Persönliches Territorium

Unser persönliches Territorium ist ein bestimmter Platz, ein Eisenbahnabteil, ein Platz im Restaurant, Jacke über den Stuhl hängen, Zigarettenschachtel auf den Tisch legen …

Jedes Eindringen in unser Territorium wird als Grenzverletzung empfunden, und je nach Temperament reagieren wir abweisend, verärgert oder trotzig.

Blickkontakt

Hier spielt der jeweilige Kulturkreis eine große Rolle. Andere Länder, andere Sitten:

- Bei uns ist es üblich, unseren Gesprächspartner direkt anzuschauen. Dies signalisiert Interesse und respektvolles Zuhören. Nur wenn wir in einem sehr engen Raum oder in einem Aufzug mit fremden Menschen zusammen sind, gilt ein längerer Blickkontakt als anstarren und somit als unhöflich.
- In Afrika schaut man weg als Zeichen des Respekts.
- Im Orient dürfen Frauen den Männern nicht in die Augen sehen – dies wird als Anmaßung der Frauen interpretiert. Schauen Sie einfach auf die Nase, meine Damen!

Nobody is perfect – Die Entschuldigung

Fehler machen ist menschlich. Durch sofortiges Entschuldigen ist ein Fehler schnell vergessen.

Pünktlichkeit und Zeiten

Pünktlichkeit ist die Höflichkeit der Könige ...

Das Telefon ist ein wichtiges Kommunikationsmittel; deshalb ist es besonders wichtig, hier einen guten Eindruck zu hinterlassen. Kernzeiten: 9.30 bis 12.30 Uhr, 15 bis 18.30 Uhr, an den Wochenenden morgens später.

8.3.2 Die Vorstellung und die Begrüßung

Ein Alptraum für viele, die bei entsprechenden Anlässen andere Menschen vorstellen müssen. Wen stellt man zuerst vor? Darf eine Dame sich selbst vorstellen? Was ist mit sozialer Rangordnung, Alter? Wird der Name mit oder ohne Vornamen angegeben? Einige Regeln:

- Sich selbst vorstellen: Im Jahre 2002 darf sich jede und jeder aussuchen, wie er sich vorstellen möchte! «Gestatten Sie, dass ich mich vorstelle ...», «Erlauben Sie, dass ich mich bekannt mache ...»
- Beim Bekanntmachen durch Dritte gibt es für die Reihenfolge der Namensnennung heute nur noch zwei Empfehlungen: den Namen der Dame vor dem des Herrn zu nennen und den Namen des wesentlich Älteren vor dem des deutlich Jüngeren.
- Früher ging es so: der Herr stellt sich der Dame vor, der Jüngere dem Älteren, der Rangniedrige dem Ranghöheren, die ledige der verheirateten Frau.
- Begrüßung und Bekanntmachung bei bereits sitzenden Gästen: Die Herren stehen auf, die Dame kann sich erheben, ganz junge Leute sollten stehen, wenn Ältere noch nicht sitzen.
- «Habe die Ehre! Sehr erfreut» – diese Sprüche gehören in die Mottenkiste.

Richtig ist: «Guten Tag» und den Namen des neuen Bekannten hinzufügen (seinen eigenen Namen hört jeder am liebsten!).
Sehr häufig kann man sich einen Namen nicht merken oder man hat ihn nicht verstanden, was dann? Einfach noch einmal nachfragen (natürlich nicht zehnmal!).

- Wer gibt wem als erster die Hand? Jüngere warten darauf, ob sie die Hand gereicht bekommen oder nicht. Damen entscheiden selbst, wem sie die Hand geben möchten. Stehen sich zwei Paare gegenüber, stellen sich erst die Damen vor, dann die Damen den Herren und dann die Herren untereinander.
- Beim Gehen und Stehen gilt folgende Regel: Dame steht links vom Herrn.
- Heutzutage gilt es nicht mehr als Kriegserklärung, wenn man bei der Begrüßung seinen Handschuh anlässt. Das «Handschuh-Gerangel»ist also Vergangenheit. Man kann ihn anlassen, aber wenn das Gegenüber anfängt seinen Handschuh abzustreifen, haben wir genügend Zeit, es ihm gleichzutun.
- Die Kopfbedeckung: Früher, als die Männer noch Ritter und Krieger waren, galt ein ungeschützter Kopf als das absolute Zeichen einer freundlichen Gesinnung und die Kopfbedeckung (bei Herren) wurde zum Gruß abgenommen. Das Gleiche gilt heute zumindest für den Motorradhelm – Ich will mich nicht vor dir verstecken!
- Akkolade: So bezeichnete man die feierliche Umarmung bei Aufnahme in den Ritterorden. Heutzutage muss man keinem Ritterorden beitreten, um sich im Bekanntenkreis bei der Begrüßung umarmen zu lassen. Eine Begrüßung Wange an Wange, eventuell mit hingehauchtem Kuss (eine Form des Begrüßens, welche ursprünglich aus Frankreich kommt) ist bei sich bekannten Menschen durchaus opportun. Der Handkuss wird heute nur noch von Herren der alten Schule zelebriert, und die Damen freut es.
- Ein Gruß fördert zwischenmenschliche Beziehungen, allerdings kommt es auf das Wie an: Die Hand in der Hosentasche zeigt nur die Missachtung der Person, ist also verpönt.
  Wer zuerst sieht, grüßt zuerst! Wer zu einer Gruppe dazukommt, grüßt zuerst.

8.3.3 Die Anrede

- Gegenüber Damen gibt es kein «Fräulein» – es sei denn, es wird ausdrücklich gewünscht.
- Doktortitel sind bei uns laut Passgesetz Bestandteil des Namens und müssen genannt werden. Ausgestorben ist die Unsitte, dass Ehefrauen automatisch mit «Frau Doktor» angesprochen werden.
- Bei mehreren Titeln, zum Beispiel «Herr Professor Doktor», wird nur der erste Titel ausgesprochen.
- Bei offiziellen Gästen mit Titel kommt es auf die Umstände an. Es ist kein Fehler, individuelle Wünsche zu berücksichtigen und im Zweifelsfalle danach zu fragen.

8.3.4 Feind oder Freund? Raucher

- Nichtraucherzeichen beachten! Nicht geraucht werden darf in Kinderzimmern, fremden Küchen, während Theater- oder Zirkusvorstellungen.
- Wenn Nichtraucher am Tisch sitzen, sollten Sie nicht zwischen den einzelnen Gängen zur Zigarette greifen.
- Einen fremden Raum sollten Sie nie mit brennender Zigarette betreten.
- Frauen dürfen heutzutage durchaus auf der Straße rauchen. Aber dies wirkt nicht gerade chic und feminin.
- Wer gibt wem Feuer? Früher der Rangniedrige dem Ranghöheren, der Herr der Dame usw. Heute freut sich der Chef, wenn er von einem Mitarbeiter Feuer angeboten bekommt. Damen zünden sich auch selbst die Zigarette an.
- Niemals sollten Sie mit brennender Zigarette auf jemanden zugehen, um sich bekannt zu machen.
- Aschenbecher nur für die Asche – Blumentöpfe nur für Blumen!

8.3.5 Kaugummi

Gut gegen Parodontose, Mundgeruch und zur Beruhigung der Nerven. Sie sollten ihn unauffällig kauen, nach Gebrauch in Stanniol einwickeln und in den Mülleimer werfen. Aber bei der Konversation keinen Kaugummi im Mund …

8.3.6 Lassen Sie Blumen wirklich sprechen …

Oft kommt man als Geschäftsfrau oder als Geschäftsmann in die Situation, Blumen zu schenken. Hier kann man gewaltig ins Fettnäpfchen treten. Wissen Sie wirklich ganz genau, was Sie mit Blumen gewollt oder ungewollt alles ausdrücken können? Sie werden überrascht sein. Die folgende Liste ist schon etwas in die Jahre (um nicht zu sagen: in die Jahrzehnte) gekommen, aber es ist schön zu wissen, was welches Blumengeschenk einmal bedeutet hat. Und ein paar der Regeln gelten noch heute.

Blumensprache

- Rote Rosen – Zeichen von inniger Liebe und deshalb zur Jubiläumsveranstaltung des Chefs nicht angebracht.
- Bei Gebinden darf von drei Blumen nur eine rot sein, größere Gebinde sollten mindestens zur Hälfte andersfarbig sein.
- Keine weißen Blumen zum Krankenbesuch: Der Aberglaube, sie brächten den Tod, hält sich hartnäckig.
- Keine Topfpflanzen, sonst befürchtet der Kranke, er kehre bald ins Krankenhaus zurück.
- Maiglöckchen – «Ich habe dich lieb.»
- Rote Rosen – «Meine Liebe zu Dir verzehrt mich.»

- Weiße Rosen – «Ich kann nicht.»
- Heckenrosen – «Ich sterbe vor Eifersucht.»
- Brennessel – «Es ist vergebens, du gefällst mir nicht.» (ist natürlich «verboten»; so etwas macht weder eine Lady noch ein Gentleman.)
- Veilchen – «Warum so betrübt, fass Mut!»
- Hopfen – «Ach, dürfte ich dich umarmen.»
- Enzian – «Herzlichen Dank.»
- Jasmin – «Ich schätze dich hoch, aber ich lieb Dich nicht.»
- Rosenblatt – «Ja.»
- Holunder – «Laß mich nicht warten.»
- Efeu – «Ewige Liebe.»
- Vergissmeinnicht – «Denk an mich!»
- Distel – «Zwischen uns ist alles aus.» (Das ist natürlich tabu, wer dies einem anderen Menschen klar machen will, sollte es direkt tun!)
- Kornblume – «Wäre nur dein Herz so schön wie dein Äußeres.»
- Kleeblatt – «Ich erwarte Deine Antwort.»
- Schwertlilie – «Dein Anblick hat mein krankes Herz gesund gemacht.»

Und schließlich:

- Blumen werden in Folie überreicht, Papier wird entfernt und zusammengeknüllt.
- Veilchen von Mann zu Mann lassen tief blicken! Vermeiden!
- Blumensträuße sollten eine ungerade Zahl von Blumen enthalten.
- Topfblumen schenkt man nur, wenn man weiß, dass der Empfänger sie bevorzugt.

8.3.7 Das Auto

- Aufmerksamkeit gegenüber dem fließenden Verkehr ist wichtiger als Etikette.
- Fahrgäste lassen Sie auf der Seite des Bürgersteigs zusteigen.
- Wenn Sie die Beifahrertür von innen öffnen, um Ihren Fahrgast aussteigen zu lassen, sollten Sie ihm nicht in den Schoß fallen. Einfacher ist es, ihm das Öffnen der Autotür zu erklären.
- Beim Einsteigen öffnen Sie als Fahrer die Tür für Ihre Fahrgäste (Gastgeberfunktion).
- Lassen Sie Ihren Gast den Platz wählen.
- Klären Sie vor Fahrbeginn etwaige Wünsche oder Ängste ab (rauchen im Auto ja oder nein, Geschwindigkeit, Raumtemperatur, Gespräche, Schweigen).
- Damen steigen mit beiden Beinen gleichzeitig und mit geschlossenen Knien ein oder aus.
- Wenn gewünscht, helfen die Herren, indem sie den Unterarm der Dame stützend fassen (die Dame bitte nicht mit einem Ruck aus dem Auto herausziehen!).
- Warten Sie, bis Ihr Gast sicher die Haustür erreicht hat.
- Es ist sehr höflich, den Gast zur Haustür zu begleiten und wird vor allem von älteren Menschen gern gesehen.

8.3.8 Das Taxi

- Damen wählen, wo sie gerne sitzen möchten.
- Der Mann wird vor der Dame aussteigen, um ihr beim Aussteigen behilflich zu sein.
- Damen bleiben sitzen, bis der Herr bezahlt hat.
- Im Glücksfall steigt der Taxifahrer aus, um seinen Fahrgästen die Wagentüre zu öffnen oder zu schließen (aber das ist in der Regel wirklich ein Glücksfall!).

8.3.9 Auf der Treppe

- Der Herr geht neben der Dame die Treppe hinauf, bleibt aber einen Schritt zurück, um der Dame helfen zu können, falls sie ausgleiten sollte.
- Beim Hinabgehen geht er voran, um notfalls aus dem gleichen Grunde helfen zu können.
- Ältere Damen zeigen durch ein Beiseitetreten am Fuß der Treppe, dass sie es aus gesundheitlichen Gründen lieber haben, dass der Herr vorangeht.

8.3.10 Vor Restaurant- und anderen Türen

- Durch Drehtüren geht der Herr voran, um der Dame das Bewegen der schweren Tür abzunehmen.
- Beim Betreten eines Hauses oder Zimmers gebührt, nachdem man die Türe geöffnet hat, der Respektsperson den Vortritt.
- Beim gemeinsamen Besuch einer Gaststätte öffnet der Herr der Dame die Tür.
- Innen tritt sie zur Seite und überlässt dem Herrn die Führung.

8.3.11 Im Restaurant

- Geht der Geschäftsführer voraus, bleibt der Herr hinter der Dame.
- Selbstverständlich darf die Dame, wenn sie will, zuerst das Lokal betreten.
- Wenn ein Herr in der Gaststätte auf eine Dame wartet, dann erhebt er sich bei ihrem Eintreten, um ihr die Suche zu erleichtern.
- Er ist ihr beim Ablegen der Garderobe behilflich und rückt ihr den Stuhl zurecht. Er setzt sich erst dann, wenn die Dame Platz genommen hat.
- Beim Aufbrechen stellt der Herr den eigenen und den Stuhl der Dame an den Tisch zurück.

- Er überlässt es nicht dem Personal, der Dame in den Mantel zu helfen. Selbstverständlich sind auch diese Regeln gelockert worden.
- Der Herr zieht zuerst seinen Mantel an. Danach hilft er der Dame in den Mantel.
- Wann hilft Herr dem Herrn in den Mantel? Hier zeigen sich die Vorrechte hohen Alters. Der Jüngere darf dem Älteren in den Mantel helfen.
- Helfen auch Damen den Herren in den Mantel? Ja, wenn der Herr achtzig und die Dame vierzig ist, dann ist es ein Gebot der Höflichkeit.
- Im Restaurant muss der Herr nur von seinem Tisch aufstehen, wenn jemand, der nicht zum Personal gehört, an den Tisch tritt.
- Wer isst, den stört man nicht.
- Wer einlädt, bezahlt. Es ist heutzutage auch üblich, dass eine Dame den Herrn einlädt und bezahlt oder die Rechnung halbiert.
- Trinkgeld: üblich sind 10 bis 15 Prozent.
- Übrigens: Mitarbeiter im Hotel/ Restaurant sind auch Menschen! «Schnipp, ich bezahle, und du springst für mich!» Dies ist ein Zeichen untersten Niveaus.
- Bei Reklamationen bleiben Sie bitte immer höflich und sachlich.

8.4. Das kleine ABC

8.4.1 Wie esse ich was?

Artischocken

Artischockenblätter werden mit den Fingern von außen nach innen abgezupft, das fleischige Ende des Blattes wird in die Sauce getunkt und ausgelutscht. Der harte Rest wird am Tellerrand abgelegt. Danach werden die Finger in der Fingerschale gesäubert. Für die Mitte der Artischocke nehmen Sie bitte das Besteck.

Austern

Mit der Schneideseite der Austerngabel wird das Fleisch am Austernpunkt abgetrennt. Danach dürfen die Austern in die Hand genommen und samt Seewasser und Salz, Pfeffer und Zitrone ausgeschlürft werden. (aber nicht so laut!)

Brot

Beim Abschneiden von Brotscheiben, zum Beispiel am Buffet, sollte man aus Rücksicht den anderen Gästen gegenüber aus und hygienischen Gründen immer ein Tuch benutzen. Sie sollten also das Brot niemals mit den Fingern berühren.

Brot, das als Beigabe zu Mahlzeiten gereicht wird, sollte nicht geschnitten, sondern ästhetisch mit den Fingern gebrochen werden. Dann wird der Aufstrich mit dem Messer aufgetragen.

Frühstücksbrötchen dürfen halbiert, bestrichen und dann verzehrt werden.

Butter

Butter sollte mit dem kleinen Buttermesser, das meist links oben auf einem kleinen Teller liegt, aufgestrichen werden.

Am Buffet gibt es in der Regel die Möglichkeit, die Butter mit einer kleinen Gabel auf den Teller zu platzieren.

Eier

Eier durften früher niemals «geköpft» werden, aber heute wird die runde Seite, in der sich eine Luftkammer befindet, vorsichtig mit dem Löffel angeklopft, und die Oberseite wird abgehoben.

Fisch

Rollmöpse, Matjeshering, geräucherter Lachs, Aal und geräucherter Stör dürfen mit dem Messer geschnitten werden. Hingegen wird das Fischbesteck bei gedünsteten, gebratenen und gekochten Fischen bevorzugt.

Messer sind bei Fisch sowieso tabu. Der Fisch wird mit dem Fischmesser aufgeteilt und dann von den Gräten gehoben, weil das Schneiden zu Gräten- und Knorpelresten führen könnte.

Die Haut wird zuerst dem Rücken entlang aufgetrennt und abgelöst. Danach wird das freiliegende Filet abgenommen und die Hauptgräte entfernt.

Fleisch

Die Gabel mit der Wölbung nach oben. Besteckteile werden oben am Griff gefasst.

Ausnahme: Spareribs dürfen mit der Hand gegessen werden.

Geflügel

Faustregel: Geflügel mit Soße wird immer mit Gabel und Messer gegessen.

Im Biergarten und auf Volksfesten darf durchaus mit der Hand gegessen werden. Wachteln sind ein Fingergericht und werden in der Regel mit einer Fingerschale serviert.

Gemüse

Alles, was weich genug ist, wird mit der Gabel zerteilt. Größere Teile dürfen mit dem Messer geschnitten werden.

Kanapees

Diese kleinen Häppchen werden immer von Hand gegessen. Als Hilfsmittel sind Papierservietten erlaubt.

Käse

In rustikalen Lokalen darf der Käse auf das mit Butter bestrichene Brot gelegt und mit Messer und Gabel gegessen werden. In der gehobeneren Gastronomie sollte darauf verzichtet werden; da wird das Käseerlebnis zelebriert.

Das Brot wird mit der rechten Hand gebrochen, feste Käsesorten werden mit Messer und Gabel geschnitten. Weiche Käsesorten werden gelöffelt oder eine kleine Portion wird mit dem Messer auf das Brot gegeben.

Kartoffeln

Kartoffeln dürfen heutzutage geschnitten werden. Echte Gourmets tun es trotzdem nicht. Das Zerquetschen der Kartoffeln ist total verpönt. Folienkartoffeln werden mit einem kleinen Löffel gegessen.

Kaviar

Kaviar wird mit einem kleinen Löffel aus Perlmutt oder Horn gegessen.

Klöße

Klöße werden nicht geschnitten, sondern auseinander gerissen und mit der Gabel zerteilt.

Krebse, Krabben

Krebse und Krabben dürfen mit den Fingern gegessen werden. Dazu wird in der Regel eine Fingerschale gereicht, damit man sich die Finger säubern kann.

Langusten/Hummer

Sollten diese Speisen nicht bereits ausgelöst worden sein, damit man mit der Hummergabel das Fleisch herausziehen kann, so dürfen diese Delikatessen mit den Fingern verspeist werden. Man trennt Beine und Scheren mit einem kurzen Ruck vom Körper ab; anschließend kann man mit den entsprechenden «Werkzeugen» wie Hummergabel und Hummerzange das Fleisch genießen.

Marmelade

Marmelade sollte nicht mit dem eigenen, zum Gedeck gehörenden Löffel aus dem Marmeladenglas genommen werden, sondern mit einem sauberen separaten Löffel, der meist beiliegt.

Mehlspeisen

Mehlspeisen werden entweder mit der Gabel oder mit Gabel und Löffel gegessen.

Obst
Obst wird meist abgeschält und mit Messer und Gabel geschnitten.

Salat
Salat wird um die Gabel gewickelt.

Schnecken
Schnecken werden mit der Schneckenzange und einer kleinen Gabel verspeist. Das Brot darf hier ausnahmsweise in die Schneckensoße getunkt werden.

Spaghetti und Nudeln
Eine Todsünde ist es, die Nudeln zu zerschneiden. Stilecht werden die langen Nudeln nur mit der Gabel gegessen, indem man sie am Tellerrand zu einem mundgerechten Knäuel dreht. In Deutschland ist es erlaubt, die Spaghetti mit Hilfe eines Löffels aufzudrehen.

Spargel
Spargel darf heutzutage mundgerecht geschnitten werden.

Suppe
Suppen werden gelöffelt, und wenn sich an einer Suppentasse beidseitig Henkel befinden, darf der Rest auch ausgetrunken werden.

Wurst
Wiener dürfen mit der Hand gegessen werden. Schnittwurst wird mit Messer und Gabel gegessen. Vorher wird mit Messer und Gabel die Haut entfernt.

Streichwurst wird nicht ausgehöhlt, sondern es wird eine Scheibe abgeschnitten, welche dann aufgestrichen wird.

Das war nur ein kleiner Überblick über die «Basics» im Umgang mit anderen Menschen und dem Verhalten, das dabei angestrebt werden sollte, um sich nicht zu blamieren. Es schadet nichts, sich einen Ratgeber zu diesem Thema zu besorgen. Wer im Zuge der Globalisierung sehr häufig außerhalb Europas geschäftlich unterwegs ist, ist dankbar für Bücher, die genau auf diese Situationen eingehen. Besonders empfehlen kann ich zwei Bücher von folgenden Autoren:

- Richard. R. Gesteland: Global Business Behavior, Orell Füssli Verlag AG, Zürich
- Gottfried Weilenmann: Gekonntes Benehmen heute, Orell Füssli Verlag AG, Zürich.

Denken Sie bitte daran, dass Sie mit den richtigen Umgangsformen viel mehr Souveränität ausstrahlen. Dies kann ein entscheidendes Kriterium beim Abschluss von Verträgen und Geschäften sein.

9. Ihre ganz persönliche Erfolgsstrategie

9.1 Ihr persönliches Fünf-Wochen-Trainingsprogramm

Wenn Sie Ihr Leben und sich selbst wirklich verändern möchten, so sollten Sie sich sofort daran machen und nicht schon wieder die guten Vorsätze auf die nächste Woche verschieben. Setzen Sie sich sofort hin und nehmen Sie Papier und Stift oder Ihren Palm und erstellen Sie eine individuelle Zielplanung über fünf Wochen, wie bei dem Beispiel auf der nächsten Seite dargestellt. Sie können diese Terminliste auch vergrößert herauskopieren.

Schreiben Sie nieder, was genau Sie alles an sich und Ihrem Leben und an Ihrem Äußeren stört. Danach müssen Sie nur noch die einzelnen Schritte zur Umsetzung Ihres Ziels in kleine Abschnitte unterteilen.

Beginnen Sie mit kleinen Schritten beim Naheliegenden – zum Beispiel einem Gesundheitscheck, Ihrem Bodymassindex und Ihrem Gewicht. Oder buchen Sie sofort einen Termin bei einem guten und seriösen Imageberater. Alles, was Sie umgesetzt haben, haken Sie dann als erledigt auf Ihrer Liste ab. In der sechsten Woche haben Sie alle Ihre Ziele erreicht, da bin ich mir ganz sicher. Dafür sollten Sie sich belohnen. Gehen Sie groß aus oder fahren Sie über das Wochenende weg oder lassen Sie sich in Ihrem neuen Ich von einem guten Fotografen porträtieren. Machen Sie das, was Ihnen Freude macht.

Um den Unterschied besser nachvollziehen zu können, empfehle ich Ihnen, Vorher-Nachher-Fotos von sich aufzunehmen.

1. Woche	2. Woche	3. Woche	4. Woche	5. Woche
Datum: Woche vom____bis____	Datum: Woche vom____bis____	Datum: Woche vom____bis____	Datum: Woche vom____bis____	Datum: Woche vom____bis____
Termin: __________	Termin: __________	Termin: __________	Termin: __________	Termin: __________
Zielplanung	Image Consulting	Kosmetik-behandlung	Kleiderschrank ausmisten	Shopping
Termin: __________		Termin: __________		Termin: __________
Gesundheits-Checkup: Blutwerte, Grund-umsatz, Gewicht, Bodymassindex, Körperfettanteil		**Kontrolle von:** Gewicht Bodymassindex		**Kontrolle von:** Gewicht Bodymassindex Blutwerte
Termin: __________	Termin: __________	Termin: __________	Termin: __________	Termin: __________
Sauna	Massage	Optiker, evtl. Augenarzt	Zahnarzt	Maniküre
	Termin: __________			Termin: __________
	Heilpraktikerbesuch; evtl. entgiften			HDI-Training buchen
Notizen:	Notizen:	Notizen:	Notizen:	Notizen:

Sie werden nach Ihrem Fünf-Wochen-Programm überrascht sein, wie Sie sich positiv verändert haben. Besonders wichtig ist von diesem Zeitpunkt an, dass Sie die neuen «Routinen», wie zum Beispiel Ihre Ernährung oder Ihr Sportprogramm, auch einhalten. Sobald Sie beginnen, disziplinlos zu werden, befinden Sie sich schon wieder auf dem Weg zum alten Zustand.

1. Woche	2. Woche	3. Woche	4. Woche	5. Woche
Datum: Woche vom____bis____	Datum: Woche vom____bis____	Datum: Woche vom____bis____	Datum: Woche vom____bis____	Datum: Woche vom____bis____
	Termin: __________	Termin: __________	Termin: __________	Termin: __________
	Ernährungs-umstellung	Kontrolle Gewicht	Kontrolle Gewicht	Kontrolle Gewicht
Termin: __________	Termin: __________	Termin: __________	Termin: __________	Termin: __________
Sportprogramm	Sportprogramm	Sportprogramm	Sportprogramm	Sportprogramm
			Termin: __________	Termin: __________
			Erfolgskontrolle	Erfolgskontrolle
Termin: __________	Termin: __________	Termin: __________	Termin: __________	Termin: __________
Bücher zu Gesundh.-themen besorgen	Age Check	Zeit-Management-Seminar buchen	Etikette-Training	5-Gänge-Dinner
Termin: __________				Termin: __________
«Vorher»-Foto erstellen				«Nachher»-Foto erstellen
Notizen:	Notizen:	Notizen:	Notizen:	Notizen:

Deshalb packen Sie es an! Jetzt in diesem Moment, sonst halten Sie wieder tausend andere unnütze Sachen und Ausreden davon ab.

Ändern Sie Ihr Leben. Wenn nicht jetzt, wann dann?

9.2 Was Sie schon immer wissen wollten …

Fragen der Herren:

Wie kombiniere ich mein blaues Sakko mit welcher Hose?

Am besten immer mit grauen und anthrazitfarbenen Hosen, im weniger formellen Bereich ist die Kombination mit einer Chino möglich.

Welche Strümpfe ziehe ich zur grauen Flanellhose an?

Wenn Sie es korrekt machen möchten, dann sollten Sie graue Strümpfe dazu tragen, aber mit schwarzen Strümpfen geht es auch.

Was ist mein optimales Reisegepäck bei einer kurzen Geschäftsreise?

Nehmen Sie für zwei Reisetage beispielsweise folgende «Basics» mit: drei Garnituren Unterwäsche (weiße T-Shirts mit Halbarm), drei Paar schwarze Kniesocken, einen grauen oder schwarzen Anzug, einen anthrazitfarbenen Blazer, zwei Oberhemden, drei Krawatten, ein Poloshirt, zwei Gürtel, zwei Paar schwarze Business-Schuhe, Rasierzeug, Kosmetika, Taschentücher, Reisepantoffeln (Achtung Fußpilzgefahr in Hotelzimmern), ein Pyjama – und nun gute Reise!

Was ist eine Barbourjacke?

Das ist eine traditionsreiche, englische, regendichte Wachsjacke, welche ursprünglich zum Jagen und Fischen konzipiert wurde. Eine echte Barbourjacke ist Kult und kann durchaus auch über ein formelles Outfit getragen werden.

Warum darf ich zum Business-Meeting meine geliebten weißen Socken nicht anziehen?

Weiße Socken gehören entweder zum Tennis-Outfit oder in den Freizeitbereich. Basta.

Was ist ein «rib knit»?

Das ist ein bequemer warmer, dick gestrickter Pullover für den Freizeitbedarf.

Was ist ein Four-in-hand-Knoten?

Dieser Krawattenknoten ist sehr traditionell, sieht bei jeder Kragenform gut aus und ist durch seine leichte Asymmetrie vom Styling her sehr schön.

Was sind Chinos?

Ursprünglich waren Chinos als militärisches Outfit, so genannte Khakihosen, eingesetzt; heute sind sie aus der Mode nicht mehr wegzudenken. Sie werden aus leichten Baumwollstoffen gefertigt und sind die idealen Begleiter für Frühling, Sommer und Herbst.

Es gibt sie in den Farben Grau, Schwarz, Weiß, Khaki und Tannengrün. Zusammen mit einem Blazer und schwarzen Schuhen sind sie die Classics schlechthin.

Kann ein Business-Anzug auch braun sein?

Jein. Bei den warmen Herbsttypen sehen braune Anzüge in den passenden warmen Tönen einfach super aus. Aber Sie sollten bedenken, dass

Braun laut Statistik eine der unbeliebtesten Farben ist und keine formelle Farbe für das Business.

Darf der Chef das Tragen von Jeans und Turnschuhen für Mitarbeiter mit Kundenkontakten verbieten?

Ja.

Können braune Schuhe zu einem formellen Outfit getragen werden?

Jein, bei hochoffiziellen Anlässen sollten Sie darauf verzichten.

Und Damen werden sich fragen:

Warum darf man auch im Hochsommer nie ohne Strümpfe formell auftreten?

Weil eine Dame nie ohne Strümpfe formell auftritt!

Wieso ist zu viel an Schmuck verpönt?

Weil frau sonst wie ein überladener Christbaum aussieht. Geschmacklos und angeberisch.

Was soll ich bloß zur Geschäftseröffnung anziehen?

Der Herr: Grauer oder schwarzer Anzug, weißes oder dunkles Hemd, Krawatte, schwarze Strümpfe, schwarze Schuhe.

Die Dame: Hosenanzug oder Kostüm, T-Shirt oder Bluse, dezenter Schmuck, schwarze Schuhe.

Was ist ein Business-Make-up?

Ein dezentes, typgerechtes Make-up, das den Typ unterstreicht, aber mehr nicht.

Anhang

Bezugsadressen

Hom by Grappa
Doris Schütz
Sulzbacher Straße 86
90489 Nürnberg
Tel: 0911-550707

Focus Werbestudio GmbH
Ralf Huscher& Karl Pfeifer
Äußere Bucher Straße 18
90425 Nürnberg
Tel: 0911-345500
www. focus-werbestudio.de

DenkArt – Kreatives Tagen
Klaus Kobjoll GmbH
Steinacher Straße 6-8
90427 Nürnberg-Boxdorf
Tel: 0911-9302-612
www. schindlerhof.de

Madeleine
90717 Fürth

mod's hair
by Ingrid Küffner
Trödelmarkt 40
90403 Nürnberg
www. modshair.de
Tel: 0911 - 203001

Müller Maßhemden Manufaktur
Schneeberger Straße 1-3
95032 Hof
Tel: 09281-7567-0
www. muellermasshemden.de

Quelle International
90717 Fürth
www. Quelle.de

Schindlerhof
Klaus Kobjoll GmbH
Steinacher Straße 6-8
90427 Nürnberg-Boxdorf
Tel: 0911-9302-0
www. schindlerhof.de

Literatur

DIVO Helche Weber: Alta-Major Energie. Peter Erd Verlag

Dychtwald, Ken: Körperbewußtsein. Synthesis Verlag.

Gesteland, Richard. R.: Global Business Behavior. Orell Füssli, Zürich.

Heinke, Dagmar P.: Schmerzen lindern durch Akupressur. Südwest, München

Heinke, Dagmar P.: Reine Haut durch natürliche Pflege. Econ, München.

Heinke, Dagmar P.: Hausmittel. Südwest, München.

Heinke, Dagmar P.: Sanft heilen mit Bachblüten. Südwest, München.

Jackson, Carole: Color me Beautiful, Hallwag, München

Kennedy/ Deal: Unternehmenserfolg durch Unternehmenskultur. Norman Rentrop, Bonn

Kobjoll, Klaus: Motivaction. Orell Füssli, Zürich.

Kobjoll, Klaus: Virtuoses Marketing. Orell Füssli, Zürich.

Korda, Michael: Anatomie des Erfolges. Heyne, München.

Krech/ Crutchfield: Grundlagen der Psychologie. Beltz.

Müller, Werner: Spielmann, Clown, Theatermacher. Pfeiffer Wewel.

Popcorn, Faith : Evalution. Heyne, München

Gerhard Reichel: Frei reden ohne Lampenfieber. Verlag Brigitte Reichel

Ruschel, Adalbert: Besprechungen und Konferenzen. Wirtschaftsverlag Langen Müller/Herbig, München.

Weilenmann, Gottfried: Gekonntes Benehmen heute. Orell Füssli, Zürich

Gute Ratschläge sind immer preiswert

Luxus muß nicht viel kosten – Bequemlichkeit allein ist schon Luxus. Sicherlich werden nun noch einige Fragen zu diesem oder jenem Thema auftreten. Diese ausführlich zu beantworten, würde aber den Rahmen dieses Buches sprengen. Deshalb ist es möglich, von der Autorin Fragen per E-Mail beantwortet zu bekommen. Ich würde mich sehr freuen, wenn Sie von dieser Möglichkeit Gebrauch machen würden.

New Image
Dagmar P. Heinke
Erlenstegenstraße 72
90491 Nürnberg
Telefon: 0911 598 88 11
Telefax: 0911 812 58 74
www.new-image.de
E-Mail: DagmarPaulineHeinke@t-online.de

Weitere Titel aus dem Orell Füssli Verlag

Überzeugen auf den ersten Blick!

Christine Daborn-Doering

Kam, sah und siegte

Klasse ist lernbar

Erfolgreiches Auftreten und Verkaufen ist eine Meisterleistung in Kommunikation. Gute Kommunikatoren ziehen deshalb alle Register und nutzen zuallererst die Macht der nonverbalen Kommunikation – und die steht und fällt mit der professionellen Wirkung beim Auftreten im Beruf.
Wer seinem Äusseren die richtige Bedeutung zumisst, für den verliert das Äussere an Bedeutung. Es ist korrekt und professionell, und das reicht; auffällig muss es nicht sein, modisch muss es nicht sein, lustig muss es nicht sein. Am besten ist es, wenn man es gar nicht wahrnimmt. Dann hat es Klasse.
Christine Daborn-Doering zeigt Ihnen, was Klasse ist und mit welchen Maximen und Codes Sie Klasse an sich verwirklichen können. Bisher war Klasse nur bestimmten Kreisen vorbehalten – jetzt ist Klasse lernbar.

232 Seiten, gebunden, ISBN 3-280-02667-9

orell füssli